U0613522

国家社会科学基金重点项目
"唐代长安佛教与丝绸之路研究"（编号：15AZJ003）

唐代长安

大荐福寺研究

王丽娜——著

国家图书馆出版社

图书在版编目（CIP）数据

唐代长安大荐福寺研究 / 王丽娜著 . —北京 : 国家图书馆出版社，
2021.6

ISBN 978-7-5013-7125-9

Ⅰ . ①唐…　Ⅱ . ①王…　Ⅲ . ①佛教－寺庙－研究－西安
Ⅳ . ① B947.241.1

中国版本图书馆 CIP 数据核字（2020）第 229745 号

书　　名	唐代长安大荐福寺研究
著　　者	王丽娜　著
责任编辑	潘肖蔷
封面设计	康　明

出版发行	国家图书馆出版社（北京市西城区文津街 7 号　100034）
	（原书目文献出版社　北京图书馆出版社）
	010-66114536　63802249　nlcpress@nlc.cn（邮购）
网　　址	http://www.nlcpress.com
排　　版	九章文化
印　　装	北京科信印刷有限公司
版次印次	2021 年 6 月第 1 版　2021 年 6 月第 1 次印刷

开　　本	880×1230（毫米）　1/32
印　　张	6.25
字　　数	125 千字

书　　号	ISBN 978-7-5013-7125-9
定　　价	60.00 元

目　录

导　论

佛教经过魏晋南北朝时期艰难融合后，在唐前期迎来了全面的开创和繁荣，高僧云集、宗派创立、理论完备、译典渐宏、交流繁多，给予其时的思想、文化乃至政治以深刻的影响。因此，唐代长安被誉为"佛教的第二故乡"，印度佛教传入中国在长安开出绚烂的花朵。唐代长安成为事实性的文化交流中心，就其文化交流的深度和广度来说都是空前的。唐代长安与印度、波斯、希腊、中亚、朝鲜半岛、日本等地文化互动频繁。

长安处于河西走廊和中原腹地之间，同时也是一座世界文明交汇、国际交往频繁的大都市。东晋十六国时期，长安已是中国北方的佛教中心之一。长安周围的交通路线连接四方，使之成为东西方经济文化交流的中心。佛教经北印度、中国西域等地区，首先到达之处即是长安，故八方商人、四方僧侣无不慕名而至。长安地域文化坐标中，佛教的发展是一个重要因子。唐代长安佛教形成了僧才凝聚中心、经典翻译中心、佛教弘传中心、宗派创立中心和文化交流中心。[①] 唐代寺庙众多，无论

---

① 方立天：《长安佛教的历史地位》，增勤主编《长安佛教的理论创新和繁荣》，陕西师范大学出版社 2010 年版，第 23—24 页。

是唐前期还是后期，佛教寺庙最大的中心始终是长安。而以长安为中心的中国化佛教体系形成，辐射至日本，最终形成了以大乘佛教为主体的文化圈。隋唐时期，佛教已成为社会文化、政治制度、文学艺术不可分割的组成部分。

如果将这种影响落实到具体空间中去审视，我们就会看到它实际是由僧团的载体——佛寺来完成的。可以说，建造佛寺是唐代佛教繁盛的标志之一。寺院不仅是僧团日常活动的载体，而且集译经场所、住宿所在、外国僧人的留学重地、皇家礼仪活动乃至市民文化活动场所等功能于一身，具有多层次文化含义。这其中，西明寺、大慈恩寺、大兴善寺、三戒寺以及本书所要集中探究的大荐福寺等是杰出代表。[①] 大荐福寺是唐中宗时期的代表性寺庙。大荐福寺前期处于盛唐时期，以官方组织的佛教活动为主，宗教性较强，后期处于中晚唐时期，以民间社会活动、文化活动为主，社会性较为显著。这种变化和佛教在唐代的发展变化相一致。唐代长安佛教寺庙不仅承载了宗教、政治、文化、教育、娱乐等功能，

---

① 据唐人韦述《两京新记》记载，唐长安有佛寺 91 所（僧寺 64 所，尼寺 27 所）。据宋敏求《长安志》记载，唐长安有佛寺 104 所（僧寺 76 所，尼寺 28 所）。据《唐两京城坊考》记载，唐长安有佛寺 107 所（僧寺 79 所，尼寺 28 所）。根据孙昌武先生《唐长安佛寺考》，长安城及其近郊佛寺 200 多所。参见（唐）韦述撰，辛德勇辑校：《两京新记辑校》，中华书局 2020 年版；（宋）宋敏求撰，（元）李好文编绘，阎琦、李福标、姚敏杰校点：《长安志·长安图志》，三秦出版社，2013 年版；（清）徐松撰，（清）张穆校补：《唐两京城坊考》，中华书局 1985 年版；孙昌武：《唐长安佛寺考》，《唐研究》第二卷，北京大学出版社 1996 年版，第 1—50 页。

同时也是有唐一代佛教文化的载体和传媒，展现世俗文化的平台。佛教寺庙对唐代的影响和辐射能力，有学者将其精当地概述为："唐帝国在整个亚洲的巨大威望，部分归因于它是佛教的伟大策源地之一，有其大雄宝殿、著名的朝圣活动以及杰出的'法师'。"[1]

一、研究史的回顾

大荐福寺形制和历史的考察。学术界对大荐福寺的关注始自 20 世纪 80 年代，此后陆续出现了龚国强的《隋唐长安城佛寺研究》、李健超增订的《增订唐两京城坊考》、李芳民的《唐五代佛寺辑考》等唐代长安研究的代表性成果。[2]保全的《从几通碑石看荐福寺、小雁塔的变迁和整修》一文，通过探讨荐福寺原存及新近出土的几通碑石题记，回顾荐福寺中寺和塔的变迁和整修情况。[3]杨鸿勋的《唐长安荐福寺塔复原探讨》一文力图复原唐荐福寺小雁塔模型。[4]龚国强等的

---

[1]　［法］谢和耐著，黄建华、黄迅余译：《中国社会史》，江苏人民出版社 2014 年版，第 241 页。

[2]　龚国强：《隋唐长安城佛寺研究》，文物出版社 2006 年版；（清）徐松撰，李健超增订：《增订唐两京城坊考》，三秦出版社 2006 年版；李芳民：《唐五代佛寺辑考》，商务印书馆 2006 年版。

[3]　保全：《从几通碑石看荐福寺、小雁塔的变迁和整修》，《考古》1985 年第 1 期，第 42—48 页。

[4]　杨鸿勋：《唐长安荐福寺塔复原探讨》，《文物》1990 年第 1 期，第 88—92 页。

《西安小雁塔东院出土唐荐福寺遗物》从考古学视角对荐福寺中的陶、瓷、石、骨、铜铁、贝等各种遗物进行了介绍。据此作者认为："陕西省的西安小雁塔东院出土的这批唐荐福寺遗物，在一定程度上反映了荐福寺这个唐长安城中重要官寺的大概情况。"[①] 王龙飞的《荐福寺片区历史图层分析与设计研究》利用史料文献，梳理了荐福寺的历史变迁，重述了荐福寺各时期的历史布局，对荐福寺小雁塔片区的历史图层进行了划分和深入分析，试图还原唐荐福寺院落。[②] 海外学者中，日本学者对大荐福寺的研究颇值得给予关注。小野胜年的《中国隋唐长安·寺院史料集成》分为史料篇和解说篇，其中史料篇概述辑录了大量唐代长安佛寺的情况。[③] 冈岛秀隆的《中国古塔踏查记：陕西省的现状（平成二年度文部省国际学术研究调查报告）》介绍了陕西小雁塔的建筑情况。[④] 关野贞的《慈恩寺大雁塔与荐福寺小雁塔的雕刻图像（上）》介绍了荐福寺小雁塔所雕刻的各种图形。[⑤] 永井政之的《荐福寺古考》

---

① 龚国强、张全民、何岁利：《西安小雁塔东院出土唐荐福寺遗物》，《考古》2006年第1期，第48—53页。

② 王龙飞：《荐福寺片区历史图层分析与设计研究》，西安建筑科技大学2018年硕士学位论文。

③ ［日］小野胜年：《中国隋唐长安·寺院史料集成：史料篇》，法藏馆1989年版。

④ ［日］冈岛秀隆：《中国古塔踏查记：陕西省的现状（平成二年度文部省国际学术研究调查报告）》，《禅研究所纪要》，1992年，第79—99页。

⑤ ［日］关野贞：《慈恩寺大雁塔与荐福寺小雁塔的雕刻图像（上）》，《建筑杂志》总第347期，1915年11月出版，第762—766页。

考证了荐福寺的历史发展变化。① 此外，长安城市相关研究论文中，妹尾达彦的成果值得关注。他大多依据中文史料对长安城市规划展开详细介绍，如《长安都市研究史料资料篇》《唐长安城研究基本的文献》《长安佛教史记寻访记》《长安寺院志研究》等，但并无专门探讨大荐福寺的篇章。介绍荐福寺译经情况的还有《唐代译场唯一的日本僧》（灵仙和尚）、《唐代翻经院的润文》等，但多是略有涉及。《义净翻译的有部律典及其影响》一文中，重点介绍了义净在大荐福寺的译经情况。②

　　对大荐福寺译经和其他宗教活动的考察。大荐福寺在有唐一代都是极具影响力的寺院，作为佛教传播的载体，宗教活动中的译经、行香、祈雨、供养佛牙以及寺院高僧与皇权政治的关联是其主要内容。季羡林和王邦维的《义净和他的〈南海寄归内法传〉》考察了义净在唐高宗咸亨二年（671）从海路赴印度求法的历史，以及他撰写《寄归传》的过程。③ 王绍峰在《唐僧义净翻译思想研究》中提出："信"是义净翻译的核心原则，坚持直译的同时并没有偏废意译。在翻译中，中土没有的物事义净也使用完全符合汉语习惯的词汇，王绍峰认为义净翻译在忠实的基础上

① ［日］永井政之：《荐福寺古考》，印度学佛教学研究 53（1），2004 年，第 158—163 页。

② ［日］大谷由香：《义净翻译的有部律典及其影响》，《佛教学研究》2015 年 71 期，第 147—163 页。

③ 季羡林、王邦维：《义净和他的〈南海寄归内法传〉》，《文献》1989 年第 1 期，第 164—178 页。

表现出机动灵活的特点。① 王玉娟的《义净与〈大唐西域求法高僧传〉》着重介绍了以僧传形式记述的 57 位僧人所具有的极高的史学价值，还介绍了那烂陀寺的位置、寺内建筑结构、寺内外的圣迹、律仪及寺院管理制度等。② 荐福寺的译经师法藏、不空的研究也颇值得关注，其中王乐庆的《法藏学行及其佛事活动考析》介绍了法藏一生的学行，以他负责的祈雨活动为核心，探讨了他主持参与的众多宗教及政治活动。③ 法藏除了祈法、求雨，他还曾在荐福寺担任寺主，主持翻译佛经，著书立说，弘扬华严，并最终圆寂于此。他是荐福寺历史上一位成就显著的高僧。④ 曾在荐福寺从事佛典翻译的不空，也有学者撰文加以探讨。

对大荐福寺等长安大寺所承担的行香、祈雨、佛牙供养等宗教功能的探讨。王乐庆的《长安荐福寺的佛事活动与社会活动》提出佛经翻译活动、佛牙舍利供养法会是荐福寺很有影响力的佛教活动。⑤ 杜斗城的《唐代佛教与祈雨》探讨了佛教祈雨仪式的类型主要有诵经转经祈雨、结坛持咒祈雨、灵迹处祈雨等，唐代佛教重要寺庙的僧团也通过祈雨法术获得世俗王权

---

① 王绍峰：《唐僧义净翻译思想研究》，《阜阳师范学院学报（社会科学版）》2004 年第 4 期，第 19—24 页。

② 王玉娟：《义净与〈大唐西域求法高僧传〉》，《山东图书馆季刊》2005 年第 3 期，第 106—109 页。

③ 王乐庆：《法藏学行及其佛事活动考析》，《五台山研究》2015 年第 2 期，第 25—29 页。

④ 聂顺新：《唐代佛教官寺制度研究》，中国社会科学出版社 2019 年版。

⑤ 王乐庆：《长安荐福寺的佛事活动与社会活动》，《乾陵文化研究》2010 年第 1 期，第 212—219 页。

的支持。[①] 雷闻的《郊庙之外：隋唐国家祭祀与宗教》指出佛道教活动与唐代国家祭祀的互动关系，如唐代的祈雨活动将国家、宗教、民众紧密结合起来。[②] 冉万里在《中国古代舍利瘗埋制度研究》中提出，唐代舍利来源于西游高僧、信仰者感应所得、外国贡献和挖掘前代瘗埋舍利，唐代舍利也被新罗、日本请回供养。[③] 王宇的《唐代"佛舍利"研究》提出皇族、僧侣和庶民百姓是舍利的供养主体，武则天、中宗等帝王通过建立大寺来安置舍利，以此安抚百姓、巩固统治。[④]

对大荐福寺教育、文学、文化活动以及其他社会活动的研究成果频出。聂顺新的《唐代佛教官寺制度研究》探讨了作为皇家功德寺的大荐福寺在译经、宗教学术、文化娱乐活动、社会福利活动等方面的一些具体活动，以及在宗教信仰、建筑布局方面对日本、高丽等国的巨大影响。[⑤] 王乐庆的《长安荐福寺的佛事活动与社会活动》指出，荐福寺翻经院举办佛经翻译活动和声势浩大的佛牙舍利供养法会，并开展题写应制诗、雁塔题名等文化活动。[⑥] 何璞的《唐代长安佛教寺院在中外文化

① 杜斗城、李艳:《唐代佛教与祈雨》,《社会科学战线》2010 年第 11 期,第 248—251 页。

② 雷闻:《郊庙之外:隋唐国家祭祀与宗教》,生活·读书·新知三联书店 2009 年版。

③ 冉万里:《中国古代舍利瘗埋制度研究》,文物出版社 2013 年版。

④ 王宇:《唐代"佛舍利"研究》,陕西师范大学 2009 年硕士学位论文。

⑤ 聂顺新:《唐代佛教官寺制度研究》,中国社会科学出版社 2019 年版。

⑥ 王乐庆:《长安荐福寺的佛事活动与社会活动》,《乾陵文化研究》2010 年第 1 期,第 212—219 页。

交流中的影响》提出西明寺、荐福寺、青龙寺、弘福寺等长安
佛教寺院在当时既是译经场所，也是艺术、思想、文化的综合
体，日本、朝鲜等国也以佛教为载体积极学习和吸收唐文化。①
申秦雁的《唐代荐福寺》主要探讨了荐福寺的佛教活动、译
经的高僧和社会活动，以及文人的游览聚会和写作交流，并简
单介绍了中晚唐以后荐福寺的俗讲、佛牙供养和戏场等文化活
动。②刘淑芬的《中古的佛教与社会》分析了佛教与政治、佛
教与民俗、佛教与丧葬、寺院与养生等诸方面的关系。③李斌
城主编的《唐代文化》介绍了唐代的文学、乐舞、美术、佛教
文化等情况。④

通过上述研究可知，学者对大荐福寺研究主要集中在以下
方向：其一，对大荐福寺形制、历史演变、考古资料的探讨，
相对集中在对小雁塔的研究上；其二，对大荐福寺宗教活动的
探讨，主要研究了义净、法藏等荐福寺僧人的译经成果，以及
荐福寺等代表性大寺参与的供养舍利等宗教政治活动；其三，
对大荐福寺非宗教活动的研究主要集中在荐福寺举办的俗讲、
戏场、佛牙供养等。

通过上述对研究史的回顾和梳理，我们发现对唐代长安
佛寺的整体形制、唐代长安佛教的历史和文化研究居多，而

---

① 何璞:《唐代长安佛教寺院在中外文化交流中的影响》，西北民族大学
2016 年硕士学位论文。

② 申秦雁:《唐代荐福寺》，《文博》1991 年第 4 期，第 91—93 页。

③ 刘淑芬:《中古的佛教与社会》，上海古籍出版社 2008 年版。

④ 李斌城主编:《唐代文化》，中国社会科学出版社 2002 年版。

对其作为佛教载体的专论、专著研究较为少见，这与唐长安佛寺在中国乃至东亚佛教史中所占有的重要地位是极不相称的，这也为本书留出了深入研究的空间。因此，在学理上，笔者重点关注和研究唐代长安佛教与丝绸之路的密切关系，突破了现有佛教史著述中对长安佛教重点寺庙较少给予关注的研究现状。其二，佛典的翻译、文化的交流传播、文献的形成、文学的发展等在历史事实中是交融共生的，其本质是同一件事在不同领域的呈现。不同领域给了我们分述的空间，而当它们集中在一个小的实体内，则可以探讨这件在不同领域内都具有重要意义的事件是如何发生的。其三，在学科上，本书研究中会具体探讨以唐代长安荐福寺等大寺为代表的寺院在佛教教育、佛教文学、佛教建筑、佛教绘画、佛教戏曲等领域中所取得的成就，一定程度上拓展了目前佛学领域的研究范畴。

　　本书努力在如下方面加以探究：其一，以唐代长安西明寺、大慈恩寺、大荐福寺、大兴善寺和敦煌三戒寺空间实体寺院为归属，力求还原盛唐时期作为宗教、信仰中心的寺庙群，勾勒西明寺和大荐福寺等寺僧与敦煌佛教之间的关系、西明寺和大兴善寺等寺庙与敦煌之间的关系。其二，对西明寺、大慈恩寺、大荐福寺、大兴善寺和敦煌三戒寺在文学、诗歌、艺术上所取得的巨大成就，所参与的众多文化活动及其所展现出的在文化生活中的丰富层次和意义，以及在当时所发挥的文化功能。其三，本书将着力探讨朝鲜、日本等国的僧人在西明寺、大慈恩寺、大荐福寺、大兴善寺等寺庙求取佛经佛像、研究佛理、参与译经等文化活动，进而探讨唐代长安佛教对东亚佛教发展的深广影响。

此外，笔者在行文中发现学者们对大荐福寺、大慈恩寺等寺院进行研究的具体成果中，这些寺院被称为官寺、大寺或功德寺，对这几个概念的内涵加以明晰很有必要。根据日本学者的研究成果所谓官寺，即隋唐时期由朝廷敕建并供养的寺院，其主要功能在于为国祈福和宣扬皇帝威德。[①] 官寺作为唐代佛教的重要制度早已引起海内外学者的关注。日本学者大致为我们梳理了唐代先后四次设立官寺的基本史实：即高宗乾封元年（666）诏令天下诸州各立寺、观一所；武则天天授元年（690）制令天下诸州各立大云寺一所；中宗神龙元年（705）诏令天下诸州各立中兴寺、观一所，神龙三年（707）改为龙兴寺、观；玄宗开元二十六年（738）诏令天下诸州各立开元寺、观一所。对于"大寺"，学者富安敦认为尽管它们与皇族其他成员建造的私人寺庙并无本质区别，但因为它们是由皇帝或继位太子建造的，因而享有特殊地位，在某种意义上是"国寺"。此类寺庙的建造朝代灭亡后，它们依然可以保留作为大寺的地位，如隋唐时期的大庄严寺等寺庙。[②] 大寺一般由皇家和官府拨给土地，占地面积大且地位高，多受到皇室和官府的保护，皇帝也往往要敕定一些著名高僧来主持大寺。张弓认为，皇家功德

---

① 具体论述参见聂顺新：《影子官寺：长安兴唐寺与唐玄宗开元官寺制度中的都城运作》，《史林》2011 年第 4 期，第 47 页。

② ［日］富安敦：《龙门大奉先寺的起源及地位》，《中原文物》1997 年第 2 期，第 84—86 页。

寺是由皇族与外戚，自心发愿舍宅捐资营造而成。"皇家功德
寺或新建，或把其他佛寺改额而成，或舍旧宅为寺，或舍皇家
离宫为寺。营建这些佛寺，或为国祚祈求福佑，或为亲人祈佑
追福，无不表达了营建者或者说檀主造寺以求福报的心态。"①
通过以上三个概念的梳理，官寺、大寺、皇家功德寺在寺院的
设立目的和实际功能还是有所区别。本书将在行文中将大荐福
寺、大慈恩寺、西明寺、大兴善寺等寺院归类为"大寺"进行
探讨。

二、研究方法及其创新

佛教入华后以白马寺为首创，佛寺这一空间单位历时千
年而存在。佛寺在文学文化、文献学术的发展形成中扮演着
独特角色，值得我们给予深切关注和系统研究。唐代长安佛
教西明寺、大荐福寺等寺院曾是文人墨客长久驻留之地，在
中国古代的文学文化、社会教育中发挥了无可替代的作用。
汉地的佛学研究中鲜见对佛教单体寺庙的深入研究。因此，
在研究方法上，本书以长安具体佛寺为研究模型，试图勾画
长安佛教的实际情况和基本面貌。佛教研究中，历史、文献
等领域的研究成果较为丰硕，而从文化学角度对单体寺庙给

————————

① 相关论述参见张弓：《汉唐佛寺文化史》，中国社会科学出版社 1997 年版，
第 186 页；陈瑞霞：《唐代皇家功德寺研究》，陕西师范大学 2011 年硕士论文，第 9
页。该论文参考了国内的研究成果，梳理了有唐一代的皇家功德寺，并对皇家功
德寺的内涵加以说明。

予关注的学术成果则相对少见，本书在具体研究中着力从文化学、文学的视角展开讨论。

学界对唐代单体寺庙的研究大多散见在相关历史、文化、宗教、考古和社会生活的研究著述中，系统化、具体化的专著成果较少。本书以长安佛教单体寺庙为核心，力图横向勾勒出唐代长安寺庙在宗教、政治、经济、市民娱乐等方面的历史脸谱，进而深入挖掘、剖析长安佛寺在中国佛教、文化、艺术、经济、社会等各方面的推动作用。此外，本书也将从该视角深入分析和探讨佛教寺庙对中国文化发生、发展、传播所产生的重要意义，试图梳理和展现中国佛教文化对亚洲佛教文化的影响和辐射力。

三、大荐福寺寺史和基本形制

大荐福寺原本为"潜龙旧宅"，是隋炀帝杨广为晋王时的宅邸，后为襄城公主（唐太宗长女）之宅。公主死后官府出钱购买，将其作为李显的宅子。唐高宗死后，文明元年（684），武则天在此为高宗亡灵祈福，下令增加二百僧人以充实，初称为"献福寺"。天授元年（690）改为"荐福寺"。《长安志》对这段历史有明确记载：

> 《长安志》卷七：（兴化坊）半以南，大荐福寺……文明元年，高宗崩后百日，立为大献福寺……天授元年改为荐福寺。中宗即位，大加营饰。自神龙以后，翻译佛经，

并于此寺。寺东院有放生池，周二百余步。①

大荐福寺亦多别院，初步辑录即有十一院之多，中浮图院位于安仁坊，与位于兴化坊的大荐福寺寺门隔街相对，《长安志》卷七记此事云："（安仁坊）西北隅，荐福寺浮图院。院门北开，正与寺门隔街相对。景龙中宫人率钱所立。"

据《新唐书》卷一百二十五载："武后铸浮屠，立庙塔，役无虚岁。"武周天授元年，用飞白体亲自题写匾额，改献福寺为"荐福寺"。神龙（705-707）以后大荐福寺成为佛经翻译的重要阵地。法藏、义净、实叉难陀等都曾在此译经。

根据宿白先生的研究，如按照寺院占地面积大小为划分依据，大荐福寺与大慈恩寺、西明寺、大国安寺等属于唐代佛教的第二等级，即二分之一坊地或略强。② 大荐福寺佛殿院与浮图院中间隔街，两院通过开通坊墙，取代了坊墙不开门的制度。③ 这种大型寺院的共同特点有二，一为浮图不建在主院；一为兴建颇多别院。④ 唐代大荐福寺分为南北两部分，大荐福寺和大荐福寺浮屠院相加也近一坊之地。小雁塔在大荐福寺南院，

---

① （宋）宋敏求撰，（元）李好文编绘，阎琦、李福标、姚敏杰校点，《长安志·长安志图》，三秦出版社2013年版，第131—132页。

② 宿白：《试论唐代长安佛教寺院的等级问题》，《文物》2009年第1期，第31页。

③ 焦荣：《论武则天与佛教》，湘潭大学2012年硕士论文，第25页。

④ 宿白：《试论唐代长安佛教寺院的等级问题》，《文物》2009年第1期，第33页。

是大荐福寺的重要组成部分。小雁塔结合了印度窣堵波和中国重楼建筑样式，是中印文化交流互鉴的典范。它对于理清大荐福寺寺院组群和进一步明晰长安城城市面貌有不容忽视的参考价值。小雁塔虽不及慈恩寺大雁塔伟岸，但其挺拔俊秀的身姿也让很多人瞻仰驻足。及至清代，大荐福寺的雁塔晨钟是长安八景之一。时至今日，它依然是西安市的标志性建筑，是西安城市风貌中绚烂的一笔。

大荐福寺等大寺院是自给自足的经济实体，有自己的领地、寺户、磨房、榨油工厂、当铺。当时的大寺院既是宗教、道德的中心，也具有经济权力。会昌五年（845），武宗下令检括佛寺，敕令"宜每街各留寺两所，每寺各留三十人"①。全国共拆寺院达五千余所，毁处招提兰若四万余所。长安城左街仅留慈恩、荐福寺，右街仅留西明、庄严寺。唐朝末年大荐福寺遭遇战火。北宋时整体迁入浮图院，时称圣容院，后又恢复荐福寺之名。据塔底层北拱门的石门楣上明嘉靖三十年（1551）王鹤题刻，"明成化末，长安地震，塔自顶至足中裂尺许，明彻若窗牖"；"正德末，地再震，塔一夕如故。"此塔在宋、元、明、清历代都有修葺；中华人民共和国之后，于1961年被公布为第一批全国重点文物保护单位。大荐福寺迄今已近一千三百年。今天所见的荐福寺，只是唐大荐福寺的附属建筑。

大荐福寺经过历代多次重修。宋政和六年（1116），李鄠

---

① （宋）王溥撰：《唐会要》，中华书局1960年版，第845页。

的《大荐福寺重修塔记》记载了荐福寺的位置变化。① 碑文称："长安城之西南三里余，有寺曰大荐福。……以神龙年后翻译佛经，并于此院。按《两京记》西北隅有荐福寺浮图院。实景龙中宫人率钱造立。浮图凡一十五级，高三百尺。"小雁塔位于唐长安城的安仁坊是毫无疑义的。按此说荐福寺、小雁塔都在安仁坊。所谓"《两京记》"，可能指韦述的《两京新记》，此书现存残卷，关于荐福寺的记载已佚。但据宋敏求《长安志》载：朱雀门街之东，从北第二坊为开化坊，"半以南大荐福寺"。第三坊才是安仁坊，"西北隅，荐福寺浮图院"，下又注曰"院门北开，正与寺门隔街相对"。说荐福寺占有开化坊南半部，而小雁塔则在与开化坊相接的安仁坊的西北隅。

　　清康熙三十一年（1692）立的《重修荐福寺碑记》由周之桂篆额，碑文为楷书，共二十行，行七十二字。② 碑身四边线刻阴纹为云龙、翔鹤、飞马之属。碑文记叙了"太原奥公于康熙九年发愿重修"，"迄今凡二十稔，凝土度木，设色称烂焉，新矣"的重修缘起和过程。碑文中在追述历代整修寺塔的历史时称："历宋而元而明，虽有山谷迁叟、番僧勺思吉及晋阳刘公修葺，代有其人，历年久远，仅仅存刹。求当年之庄严壮丽，说福证因者，何没没也。"所谓山谷迁叟、番僧勺思吉，是宋政和六年（1116）和明正统十四年（1449），两次整修塔、寺

---

　　① 曾枣庄，刘琳主编：《全宋文》，上海辞书出版社、安徽教育出版社2006年版，第178页。

　　② ［清］康熙二十三年《重修荐福寺碑记》，现立于西安博物院大雄宝殿前。

的主持人。惟未见记述晋阳刘公事迹的碑石。但在正统十四年后，至康熙三十一年前，这二百四十二年间，由晋阳刘公对荐福寺或小雁塔有过一次较大规模的整修则是无疑的。今天所见的荐福寺只是唐大荐福寺的附属建筑。①

大荐福寺的出土文物主要源自小雁塔。根据龚国强等学者的考古发现，小雁塔遗物主要包括：（一）陶器，10件，分建材、日用器皿和文具几类。其中器皿有莲花纹瓦当、简瓦、兽面砖、盆、净瓶、小罐等；（二）瓷器，总计52件，都是日用器皿，有碗、钵、杯、盘、盒、盏、瓶、注、枕等，包括了青瓷、白瓷、三彩、纹胎等，釉分为白釉、青釉、青白釉、绿釉、黄釉、姜黄釉、茶叶末釉等；（三）其他包括石器、骨器、铁器、铜器、螺贝等。②

① 杨鸿勋：《唐长安荐福寺塔复原探讨》，《文物》1990年第1期，第88—91页。

② 龚国强、张全民、何岁利：《西安小雁塔东院出土唐荐福寺遗物》，《考古》2006年第1期，第48—52页。

第一章

大荐福寺译经探赜

第一节　唐代长安大荐福寺译经考述

　　唐代长安佛教文化兴盛，僧侣往来频繁，成为佛教译经的重要场所，佛教宗派也多形成于此时。长安作为佛教发展的重镇，在隋唐时期便建立了大兴善寺、大慈恩寺、大荐福寺"长安三大译场"。可以说，"唐代成为东亚佛教史上最伟大的时期之一，还归功于求法者与翻译家"[①]。大慈恩寺译经活动不到四十年，大荐福寺即开始了译经活动，并成为长安重要译场之一。大荐福寺译经兴盛于唐中宗、唐睿宗和唐玄宗开元时期，是分工明确、组织规整的国立译场。据《宋高僧传》介绍，唐代译经的组织形式主要有译主、笔受、度语、证梵本、润文、证义、梵呗、校勘、监护大使，共计九类。多位译师都曾驻锡大荐福寺，其中以义净、法藏、金刚智、不空几位法师最为著名，他们翻译的佛典扎实地推动了唐代佛教事业的发展。[②]

----

　　① ［法］谢和耐著，莫建华、黄迅余译：《中国社会史》，江苏人民出版社2014年版，第230页。

　　② 尹姗姗：《佛教寺院与隋唐长安城市布局》，辽宁大学2012年硕士学位论文，第32页。

（一）义净译场

义净法师（635-713），生于范阳，因"仰法显之雅操，慕玄奘之高风"[①]，十五岁立志去印度求法。他是继法显、玄奘后影响最大的西行求法高僧，也是我国四大佛典翻译家之一。37岁时，义净法师从广州出发，经历无数险阻求法，"净奋励孤行，备历艰险"[②]。在二十五年时间里，义净在那烂陀寺留学十一载，历三十余国，得梵本经律论近四百部五十万颂，金刚座真容一铺，舍利三百粒。

义净法师倾其一生译经不辍。在印度那烂陀寺到室利佛逝国这段时间，他就曾尝试翻译《根本说一切有部毗奈耶颂》《一百五十赞佛颂》等。武则天垂拱元年（685），义净离开那烂陀寺取海路东归。在室利佛逝国抄补梵本，翻译佛经，纂写书籍近十年。为了迎接义净法师，武则天亲自率领文武百官，举行了隆重的欢迎仪式。赴印度取经回国后，义净先于实叉难陀翻译《华严经》。后在福先寺和西明寺译出《金光明王最胜经》《能断金刚般若》《尼陀那目得迦》等佛经二十部。[③]汤用彤先生曾指出："佛书翻译首称唐代，其翻译之所以佳胜约有四因：一人材之优美；二原本之完备；三译场组织之精密；四翻译律例之进步。"[④]译场的隆盛离不开充裕、整饬

---

① （宋）赞宁撰，范祥雍点校：《宋高僧传》，中华书局 1987 年版，第 1 页。
② （宋）赞宁撰，范祥雍点校：《宋高僧传》，中华书局 1987 年版，第 1 页。
③ （宋）赞宁撰，范祥雍点校：《宋高僧传》，中华书局 1987 年版，第 2 页。
④ 汤用彤：《隋唐佛教史稿》，武汉大学出版社 2008 年版，第 72 页。

的翻译人才。波仑、慧表、智积、复礼、阿你真那等众多中印高僧为义净译经作证义、笔受。义净译经受到朝廷的高度关注，并得到国子监与太学助教的鼎力支持。义净翻译的佛经呈献给朝廷，武则天大悦并亲自写《圣教序》，高度称颂义净的佛学贡献，"帝深崇释典，特抽睿思，制《大唐龙兴三藏圣教序》"①。久视元年（700）到圆寂期间，义净亲自主持翻译工作，在洛阳及长安两地翻译佛经多达上百卷。神龙二年（706），唐中宗敕令在大荐福寺专设"翻经院"，任命义净担任译主。义净成为当时为数不多的能够担当译主的中国高僧之一，受到了极高礼遇。此前担任译场译主的多是印度或西域来华僧侣。荐福寺的译经活动以义净法师最具代表性，所译典籍以律宗为主。

义净译场属于国立译场，结构严谨有序。译场人员来自不同国家和地域，皆具有扎实佛学修养和良好文化素养。其中，吐火罗、中印度、罽宾沙门负责证梵文，东印度首领衣舍罗负责证梵本，中国沙门慧积等负责读梵本，文纲、利贞等负责证义，玄伞等负责笔受，瞿昙金刚等负责证义。此外，义净译场还有修文馆大学士、兵部等人，译场规模大，润文人数也会多。这些参与润色佛经的官员到宋代时被明确冠为"译经润文官"②。在实际翻译工作中，义净非常注重优秀僧才的培养，强调对律典的弘扬，译场囊括了崇庆、玄秀、玄睿、崇勋、元廓、

---

① （宋）赞宁撰，范祥雍点校：《宋高僧传》，中华书局1987年版，第2页。
② （宋）宋敏求撰，诚刚点校：《春明退朝录》，中华书局1980年版，第10页。

惠神、崇俊、玄晖、昙杰、宝严等当时杰出的僧人。

　　义净翻译有几个显著的特点，其一是忠实原文，强调直译。义净对佛典翻译力求能原汁原味地再现。佛典在汉译之初就很强调直译。东汉支谶译经被评价为"审得本旨，了不加饰，可谓善宣法要，弘道之士也"①。竺佛朔翻译被评为"译人时滞，虽有失旨，然弃文存质，深得经意"②。可见从译经伊始译师就力求不失原文主旨。其二义净翻译添加注释，具体包括订正译音、译文、考核名物制度等，总计一千余条，对后人的研究非常有帮助。义净翻译风格被评价为"偏精律部，自高文彩，最有可观"③，对他翻译功绩也评价甚高，"传度经律，与奘师抗衡。比其著述，净多文"④。

　　义净从唐中宗景龙四年（710）至唐睿宗景云二年（711），于长安大荐福寺翻经院译出《称赞如来功德神咒》《能断金刚论颂》《能断金刚般若波罗蜜多经论释》等佛典十二部二十一卷。又于大荐福寺"出《浴像功德经》《毗奈耶杂事二众戒经》《唯识宝生》《所缘释》等二十部"⑤。义净在荐福寺翻译的佛典总计三十部、一百零六卷。义净除了重视律典翻译，也翻译

---

① （南朝梁）僧祐撰，苏晋仁、萧炼子点校：《出三藏记集》，中华书局1995年版，第511页。

② （南朝梁）僧祐撰，苏晋仁、萧炼子点校：《出三藏记集》，中华书局1995年版，第511页。

③ （宋）赞宁撰，范祥雍点校：《宋高僧传》，中华书局1987年版，第58页。

④ （宋）赞宁撰，范祥雍点校：《宋高僧传》，中华书局1987年版，第3页。

⑤ （宋）赞宁撰，范祥雍点校：《宋高僧传》，中华书局1987年版，第2页。

了瑜伽系和《金光明最胜王经》等密教经典，其所译经是律宗在荐福寺的重要活动。因义净偏攻律部中的根本说一切有部，所以大荐福寺自然成为唐代律宗的重要基地。大荐福寺的道岸律师就曾担任过鉴真大和尚的三师七证。虽然义净偏攻律典，但其翻译的密教典籍亦"性传密咒，最尽其妙"①。义净还根据自己的求法经历编写了《南海寄归内法传》和《大唐西域求法高僧传》两部巨著，前者是了解印度和东南亚风物人情的重要参考书，后者以僧传的形式记述了从太宗贞观十五年（641）后到武则天天授二年（691）五十七位僧人南海和印度游历求法的事迹。玄宗先天二年（713）义净卒于长安大荐福寺翻经院，春秋七十有九，"葬事官供所出"②。义净译场使大荐福寺成为唐长安佛典翻译和文化传播的中心，对大荐福寺的活动影响深远。

（二）法藏的译经活动

法藏又名康法藏，祖上是康居国人，华严宗的实际创始人，《宋高僧传》将其描述为"风度奇正，利智绝伦，薄游长安，弥露锋颖"③。武则天对法藏尊崇备至，尊其为贤首大师。法藏曾在玄奘译场因笔受、证义、润文、见识不同而出译场。法藏在"实

---

① （宋）赞宁撰，范祥雍点校：《宋高僧传》，中华书局1987年版，第3页。
② （宋）赞宁撰，范祥雍点校：《宋高僧传》，中华书局1987年版，第3页。
③ （宋）赞宁撰，范祥雍点校：《宋高僧传》，中华书局1987年版，第89页。

叉难陀赍华严梵夹至，同义净、复礼译出新经。又于义净译场，
与胜庄、大仪证义"①。可见，法藏在实叉难陀译场与义净有过
密切合作。后，法藏又在地婆诃罗、菩提流志、弥陀山、实叉
难陀、义净译场陆续担任过重要职务，与当时重要译主都有过
联系。东晋时佛陀跋陀罗首次翻译了六十卷本的《华严经》，时
称晋译，但此本不是足本。后实叉难陀携带梵本到洛阳在大遍
空寺翻译，"付沙门复礼、法藏等于佛授记寺译成八十卷"②。新
译《华严经》较晋译增加了《如来观相》《普贤三昧》《华藏世界》
《十定》等品。法藏用晋、唐两译对勘梵本，将地婆诃罗在长安
补译的《入法界品》阙文补在新译脱漏处，构成了流行至今日
的八十卷本。

法藏还曾为武则天讲授《华严金师子章》，列出了十门总
别之相，使武则天开悟其要旨。因为使用善巧方便之法讲经，
法藏深得武则天信赖，又被召见入东都佛授记寺讲经。唐中宗
时期，法藏在大荐福寺宣传华严思想，中宗曾为之作《贤首国
师真赞》。睿宗时曾请法藏讲授华严三十多遍。

法藏与大荐福寺渊源甚深，曾长期担任大荐福寺寺主，主
持翻译佛经，大力推崇华严。唐玄宗先天元年（712），法藏以
七十岁高龄在京师长安大荐福寺圆寂，葬于神禾原华严寺南，

---

① （宋）赞宁撰，范祥雍点校：《宋高僧传》，中华书局 1987 年版，第 3 页。
② （宋）赞宁撰，范祥雍点校：《宋高僧传》，中华书局 1987 年版，第 31—
32 页。

"帝念若惊，圣情若失"①。法藏圆寂后获赠鸿胪卿，绢一千二百匹，而当时唐代文武官去世官例是获绢二百匹，可见其在当时的影响力。秘书少监阎朝隐撰写的《大唐大荐福寺故大德康藏法师之碑》和晚唐新罗人崔致远的《唐大荐福寺故寺主翻经大德法藏和尚传》都表明了法藏在荐福寺历史上是一位举足轻重的寺主。②

（三）金刚智、不空的译经活动

1. 金刚智

金刚智（671–741），音译跋日罗菩提，南印度人，其父亲擅长五明论。他年十六开悟佛理，出家后随师前往那烂陀寺学习阿毗达摩等，遍学十八部律。后又到西印度学小乘诸论及瑜伽三密陀罗尼等，十余年后精通三藏。金刚智拜南印度龙智阿阇黎为师，经七年承事供养，受五部灌顶。历经艰难，金刚智于开元七年（719）达于广府，先被敕迎在大慈恩寺，"寻徙荐福寺"③。金刚智所到之处都会建大曼荼罗灌顶道场，广度四众，其著名的弟子有大智、大慧、不空三藏等。

---

① （唐）法藏著，方立天校释：《华严金师子章校释》，《大唐大荐福寺故大德康藏法师之碑》，中华书局1983年版，第173页。

② 具体论述请参见王乐庆：《法藏学行及其佛事活动考析》，《五台山研究》2015年第2期，第25—29页。

③ （宋）赞宁撰，范祥雍点校：《宋高僧传》，中华书局1987年版，第4页。

赞宁高度称颂其曰："金刚智也，密藏祖师；阿目佉也，多经译匠。师资相接，感应互彰。无畏言辞，且多朴实。觉救加佛顶之句，人无间然。日照出显识之文，刃有余地。思惟《罥索》，学喜《华严》，密语断章，大人境界。"① 金刚智在长安期间曾先后在大慈恩寺、大荐福寺和资圣寺翻译佛经，并对信众灌顶授法。金刚智的译经工作，深为国家重视。其译经受命于帝王旨意，且由帝王钦定译场，译场的所有财力、物力需求也皆由国家供给。金刚智深受唐玄宗赏识，是玄宗朝佛典翻译的中心人物。其翻译经典以密宗为主，又于开元十八年（730）在大荐福寺"出《曼殊室利五字心陀罗尼》《观自在瑜伽法要》各一卷，沙门智藏译语，一行笔受，删缀成文"②。金刚智所到之处必建大曼荼罗灌顶道场以度四众，因此，我们基本可以推断荐福寺应该也设有曼荼罗。

唐代被视为中国佛教独立成长时期，华严宗、法相宗、禅宗、净土宗等汉传佛教的主要宗派纷纷兴起③。唐代中期，印度佛教中的密教高扬，显宗渐入末途。此一时期，我国传译的佛典也以密教佛典居多。密宗自玄宗以至唐末极其兴盛。④ 玄宗对密教的修持者表现出高昂的兴致，密教第一次得到朝廷的积

① （宋）赞宁撰，范祥雍点校：《宋高僧传》，中华书局 1987 年版，第 4 页。
② （宋）赞宁撰，范祥雍点校：《宋高僧传》，中华书局 1987 年版，第 6 页。
③ 汤用彤先生认为，隋唐时期的"宗"与南北朝时期的学派之"宗"大不相同，实际指教派。这一时期的"宗"有创始人、教义、信徒、教规等。参见：《隋唐佛教史稿》，武汉大学出版社 2008 年版，第 101—189 页。
④ 汤用彤：《隋唐佛教史稿》，武汉大学出版社 2008 年版，第 185 页。

极鼓励和公开承认就是在玄宗朝。① 密教大师金刚智受到玄宗厚待，礼遇极高，与善无畏成为这一时期佛典传译的核心人物。二人均擅长密法，深得崇信。金刚智因病卒于洛阳广福寺，世寿七十一，谥号"大弘教三藏"。

2. 不空

密宗的建立和完成虽在唐朝，但"密宗之大弘，要在不空"②。不空是唐代声誉隆盛的密教大师，开元三大士之一，受到代宗极高的礼遇。不空于开元十八年（730）随家人来到长安，十五岁时成为金刚智的弟子，并协助译经，颇受金刚智赏识。金刚智教授他五部灌顶护摩阿阇梨法以及《毗卢遮那经》、苏悉地轨则等，在肃宗、代宗时期恩典优渥。《宋高僧传》多处记载了不空的神通，如作法诵经降服黑风、大鲸，使用法力降雨广泽百姓等灵验事迹。

不空先后居住于大荐福寺和净影寺，主要翻译的佛教经典有《观自在瑜伽法要》《文殊五字经》等。不空作为金刚智的弟子，在唐代声誉隆重，玄宗与不空交谊深厚。不空曾亲自为玄宗灌顶，为护佑国泰民安而作法。不空所受的帝王厚待，为历代佛教徒所罕见。据《宋高僧传》记载，肃宗时不空即深受信任，受到特殊的礼遇恩宠。③《旧唐书》记载了代宗朝不空

---

① ［美］斯坦利·威斯坦因著，张煜译：《唐代佛教》，上海古籍出版社 2010 年版，第 57 页。

② 汤用彤：《隋唐佛教史稿》，武汉大学出版社 2008 年版，第 184 页。

③ （宋）赞宁撰，范祥雍点校：《宋高僧传》，中华书局 1987 年版，第 6—10 页。

曾将《仁王护国经》赠予资圣寺、西明寺，并置百尺高座讲之，后又复讲。① 不空在代宗朝恩渥弥厚，声誉隆重，并译出《密严经》等密教佛典。代宗亲自为《密严经》作序，举朝庆贺。大臣禁军使等都曾受不空灌顶。在不空的影响下，天下祠堂均要供奉文殊菩萨，请造文殊阁，并不断有密宗的佛经被翻译和传播。不空及其弟子在物质上也受到代宗的厚待，代宗不断赐予丰厚的财物，如"李宪诚奉宣敕旨，赐不空三藏锦彩绢等共八百匹，同翻经十大德各赐彩三十匹"②。不空教团数量增长迅速。他广敷密藏，上至王公贵胄下至平民百姓，受法弟子众多。③ 不空在华"弘教数十年，备受朝野崇奉，或化河西，或居岭表，或居关内，或处王宫……亲承圣旨，为灌顶师，妃主降阶，六宫罗拜；三朝宠遇，恒建道场。授以列卿，品加特进，冠绝今古，首出僧伦"④。又据赵迁的《不空三藏行状》，他居灌顶师位四十余年，门人以万计。不空为两千多人授比丘戒，这些弟子或参与译事，或对译经传法尽力护持，促使密宗真正走向鼎盛。

　　不空译典众多，多为密教经典，一生翻译密宗经典七十七部，一百二十余卷⑤，如《金刚顶五秘密修行念诵仪

① （后晋）刘昫等撰：《旧唐书》，中华书局 1975 年版，第 280 页。
② （唐）智升撰：《续开元释教录》卷1，《大正藏》第 55 册，第 750 页中。
③ （宋）赞宁撰，范祥雍点校：《宋高僧传》，中华书局 1987 年版，第 6—12 页。
④ （唐）智升撰：《续开元释教录》卷1，《大正藏》第 55 册，第 749 页下。
⑤ 汤用彤：《隋唐佛教史稿》，武汉大学出版社 2008 年版，第 67 页。

轨》《发菩提心论》等。不空曾上书对重新翻检遗漏的梵夹进行翻译："中京（长安）、慈恩、荐福等寺，及东京圣善、长寿、福先等寺，并诸县舍寺村坊，有旧大遍觉义净、善无畏、流支、宝胜等三藏所将梵夹……承前三藏多有未翻，年月已深，漏索多断，湮沉零落，实可哀伤。若不修补，恐违圣教。近奉恩命许令翻译，事资探讨，证会微言，望许所在捡阅收访，其中有破坏缺漏随事补葺，有堪弘阐助国扬化者，续译奏闻。"①不空受到两代国主的礼遇，在其主导下密宗佛典得到广泛传译，密宗在唐中期的风行可以想见。不空圆寂后，代宗辍朝三日，赐予绢布杂物万计，令功德使李元琮负责丧事，作为西域传法僧不空可谓生荣死哀。不空受到的厚遇对唐代密宗弘扬发挥了无可替代的作用。

3. 其他高僧的译经活动

实叉难陀又名施乞叉难陀，汉名"学喜"，于阗人。《宋高僧传》记载他"智度恢旷，风格不群，善大小乘，旁通异学"②。武则天崇信大乘，听说于阗有梵本佛典就广泛搜求。实叉难陀在洛阳大遍空寺重译《华严经》，翻译期间，武则天亲临法座并做序文。圣历二年（699）新译《华严经》完成。武则天诏实叉难陀陆续翻译《大乘入楞伽经》《文殊授记》等经，深得赏识。实叉难陀译场也受到了官方的积极支持，译场人才济济，

---

① （唐）圆照集：《代宗朝赠司空大辨正广智三藏和上表制集》卷一，《大正藏》第 52 册，第 828 上页中。

② （宋）赞宁撰，范祥雍点校：《宋高僧传》，中华书局 1987 年版，第 31 页。

义净、法藏、波仑、玄轨、复礼、法宝等做笔受、缀文、证义等，太子中舍贾膺福等做监护。景龙二年（708），实叉难陀返回长安，受到礼遇。同年，中宗以极高礼遇亲自将实叉难陀迎回到大荐福寺，"帝屈万乘之尊，亲迎于开远门外，倾都缁侣，备幡幢导引。仍饰青象，令乘之入城，敕于大荐福寺安置"①。景云元年（710），时年七十。实叉难陀身体抱恙，随后在京师长安大荐福寺圆寂。实叉难陀在大荐福寺未及译经就去世，"未遑翻译，构疾弥留"②。

神英也是大荐福寺的译经大德之一。据崔致远撰写的《唐大荐福寺故寺主翻经大德法藏和尚传》记载，他曾在实叉难陀翻译《华严经》时做证义。此外，神英在义净法师译场中也做过证义，《义净传》有云："沙门法宝、法藏、德感、胜庄、神英、仁亮、大仪、慈训等证义。"③

道岸律师与大荐福寺的建立渊源颇深。他出身大族，曾醉心于儒道，后落发归释。道岸出家后坚修律仪，时号为大和尚，常开讲戒律。因其方法适宜，其道大行。道岸受到武则天的敬重，因声名盛高，曾在一些举足轻重的寺庙中主持过法务，纲统僧政，"所历都白马、中兴、庄严、荐福、罔极等寺，纲维总务，皆承敕命，深契物心，天下以为荣，古今所未有"④。因中宗委托，道岸与工部尚书张锡监造大

---

① （宋）赞宁撰，范祥雍点校：《宋高僧传》，中华书局 1987 年版，第 32 页。
② （宋）赞宁撰，范祥雍点校：《宋高僧传》，中华书局 1987 年版，第 32 页。
③ （宋）赞宁撰，范祥雍点校：《宋高僧传》，中华书局 1987 年版，第 2 页。
④ （宋）赞宁撰，范祥雍点校：《宋高僧传》，中华书局 1987 年版，第 337 页。

荐福寺。

道光禅师俗姓褚，禅宗著名高僧。王维常常跟随道光禅师学习，"十年座下，俯伏受教"①。开元年间，道光禅师曾在大荐福寺活动。其圆寂后，建塔埋于城南。

僧伽大师本是康居国人，少而出家，游历四方。曾在中宗景龙二年（708）遣使诏赴内道场。"（景龙）四年庚戌示疾，敕自内中往荐福寺安置，三月二日俨然坐亡"②，俗龄八十三岁。《太平广记》对僧伽大师的神通传说有颇多笔墨描绘。

弘辨禅师与大荐福寺也颇有渊源，"天下州郡国忌行香，不得携酒肉入寺，召京兆荐福寺弘辨入见"③。唐玄宗曾请教弘辨禅师何为顿修，何为渐修。

栖白大师也曾在大荐福寺驻锡良久并被赐紫。日本僧人圆仁、惠远、圆珍等曾巡礼过大荐福寺。禅僧神秀也曾在大荐福寺驻锡。④恒通法师在开元寺受具足戒，"后往京兆荐福寺听习经律。七八年间，寻穷藏教"⑤。唐代大荐福寺其他译经沙门还有波仑、律宗大师智舟、如净等。

---

① （唐）王维著，（清）赵殿成笺注：《王右丞集笺注》，中华书局 1961 年版，第 406 页。

② （宋）赞宁撰，范祥雍点校：《宋高僧传》，中华书局 1987 年版，第 449 页。

③ （宋）志磐撰：《佛祖统纪》卷四十二，《大正藏》第 49 册，第 387 页中。

④ （宋）李昉等编：《太平广记》卷一百六十，中华书局 1961 年版，第 1148 页。

⑤ （宋）赞宁撰，范祥雍点校：《宋高僧传》，中华书局 1987 年版，第 289 页。

结论

隋唐时期佛典译业的成绩与翻译制度完善、官方支持不可分离。国家译场的成立保障了源源不断的资金和充足优秀的人才。[①] 通过对大荐福寺译经活动梳理，我们可以看到大荐福寺翻译活动以唐中宗、睿宗和玄宗开元时最为兴盛。大荐福寺译经中代表性的为义净译场，大荐福寺对唐代戒律的传扬起到了重要作用，这与义净法师在此的翻译活动影响密不可分。密宗、禅宗等宗派的经典也陆续在大荐福寺译出过。唐代重要的译场不拘泥于某一类型或者某一宗派的佛典翻译。重要大寺译经各具特色，如大慈恩寺因玄奘法师而偏重翻译唯识宗经典，大兴善寺因善无畏、不空和金刚智相继在此翻译而使密宗经典源源不断地译出。此外，西明寺、青龙寺、弘福寺、玄法寺等也是唐代长安重要译场。这些重要的大寺译场对形成自己的宗派阵地奠定了坚实基础，对唐代宗派的形成、发展产生了积极影响。长安佛教大寺的佛典翻译活动是唐代佛典翻译的中流砥柱，这些译典在数量、质量上都处于巅峰，对中国佛典汉译做出了极大贡献。

唐代长安寺院作为佛学研究和信仰中心，有数量不菲的日本、朝鲜半岛、西域诸国的域外求法僧。他们积极参与到唐代大寺的佛典翻译活动中，在中国学习佛教典籍，携带中国译本回国。佛教思想和文化通过佛经翻译等方式被吸收、

---

① 部分内容参考蒋维乔：《中国佛教史》，上海古籍出版社 2007 年版。

消化和改造，促进了域外求法僧本国佛教的中国化，唐代长安也因此成为佛教的第二故乡。唐代长安气度恢宏绚烂，文化交往频仍，大寺的译经活动无疑是唐代中外文化交流的一个侧写。

第二节　大荐福寺僧的宗教活动
——以宗派为中心

以大荐福寺为代表的长安寺院往往活动着来自不同地域、具有信仰和学术倾向的僧侣。因此，唐代长安大寺的宗教活动不耽于某一宗派为中心，多是不同宗派活动的交织互动，抑或某一时期某一宗派思想较为突出。对于中国佛教宗派的本质与特点，汤用彤先生曾精辟地提出以下三点：一、教理阐明，独辟蹊径；二、门户见深，入主出奴；三、时味说教，自夸承继道统。①

中国佛教宗派研究一直是中国佛学研究的重要课题之一，关注的学者颇多。日本学者对佛教诸宗的研究影响很大。国内，汤用彤先生对隋唐佛教宗派的阐述极具代表性，对后来的宗派

---

① 汤用彤：《隋唐佛教史稿》，武汉大学出版社 2008 年版，第 101 页。

研究方向影响深广。① 任继愈、杜继文等前彦也对佛教宗派问题做了阐述。杨维中教授提出从类型学角度重新认识隋唐佛教宗派，他认为隋代之后随着僧人学有所长，发展到唐代佛教宗派实际是"学派"基础上的"专业"分工强化的结果，宗派性是一个僧人成熟和弘法成功的必要条件。② 因此，以大荐福寺活动为代表的唐代寺院佛教宗派主要情况，对后世的影响值得我们深入关注和探究。其他学者如俞学明、孙英刚、王颂等也从不同视角探讨了隋唐佛教宗派。③

（一）律宗僧人

戒律的产生和制定主要用来摄受僧众、保持僧团合和清净，这对于僧团的长久住世、平稳发展至关重要，因此备受僧众的推崇。佛教训诫僧团只有持守戒律才能生定、发慧、断除烦恼，因此戒律被视为修行第一要务。戒律的产生是随缘成制，佛陀

①　汤用彤先生对隋唐佛教宗派的研究，请参见《论中国佛教无"十宗"》《中国佛教宗派问题补论》《隋唐佛学之特点》，汤用彤：《汤用彤学术论文集》，中华书局 2016 年版。

②　杨维中：《"宗派"分野与"专业分工"——关于隋唐佛教成立宗派问题的思考》，《河北学刊》2020 年第 3 期，第 47—55 页。该文对学界关于唐代佛教宗派概念的分歧和论证做了介绍，对于宗派的中外研究历史和现状也做了详细论述，在此不再重述。另，可参考其他学者对隋唐佛教宗派的相关综述文章，如谢重光：《20 世纪国内对隋唐五代佛教宗派及其思想学说研究之回顾》，《汕头大学学报》1999 年第 4 期，第 3—5 页。

③　俞学明：《隋唐佛教"宗派问题"再辨——兼对隋唐佛教不存在宗派说的回应》，《浙江学刊》2013 年第 2 期，第 5—11 页。

为了说明法义或某一制度往往产生一项或者多项制戒事缘。东汉至三国为佛教戒律的初传时期，但这一时期仅仅是印度戒律思想的零散传入，尚未形成较完备的戒律体系。僧人们对戒律思想的理解、践行存在着模糊不清、混淆纷乱的情况。律宗作为一个宗派，主要重视对戒律的研习和持守、传承。唐代道宣律师是律宗的实际创始人，他认为《四分律》思想通于大乘，最为适合中国人，因此非常重视弘扬《四分律》。经过两百多年的发展，《四分律》成为唐代僧人持守的主要戒律。

义净法师游学天竺与南山律宗的兴盛有一定关系。当时僧众对于戒律的理解和持守产生诸多分歧，如《南海寄归内法传》卷三记载有僧众生病后服用大小便，并美其名曰"龙汤"。这种持戒行径让义净觉得"秽恶斯极"，甚为鄙视厌恶。① 因此，他西行主要目的，即是用印度律典来解决中国僧人对佛教戒律日渐加深的误解。义净法师回国后，在大荐福寺译场翻译了大量与戒律相关的佛典，因此大荐福寺在唐代成为律宗活动中心，在中国佛教历史上影响广泛。

其他律宗大师也在大荐福寺有过各种宗教活动，如道岸大师、僧伽大师、智舟大师、弘辨禅师、栖白大师等都先后在此驻锡和活动过。律宗大师道岸出身世族大家，精通儒家典籍，出家后专心修行戒律。道岸是文纲律师的高足，《高宋高僧传》记载

---

① （唐）义净著，王邦维校注：《南海寄归内法传》，中华书局 1995 年版，第163 页。

到："初岸本文纲律师高足也。"① 道岸"坚修律仪深入禅慧"②，一直重视戒律的修行和弘传。他也颇得中宗信任，受中宗委任负责修造大荐福寺，"中宗有怀罔极，追福因心，先于长安造荐福寺，事不时就，作者烦劳，敕岸与工部尚书张锡同典其任"③。越州妙喜寺僧达在参访道岸律师后，更加精进弘扬戒律，皈依者如潮："随顺修禅，罔有休懈。遇印宗禅师，重磨心鉴。光州见道岸律师，更励律仪。四众依归，如水宗海。"④

唐代来大荐福寺学习戒律的法师绵延不绝。"释恒通，俗姓李，邢州平恩人也。家传士族，幼而知学。苏秦显达，犹怀二顷之田；元亮孤高，不羡五斗之禄。纵越掞天掷地，拖紫腰金。瞬息浮华，岂禅来业？父母终礼，年甫十三。潜入鹊山，访道依师，既罢丘坟，唯披释典。精虔忏诵，恳侍巾瓶，不弥初终，蒙恩剃度。年二十于本州岛开元寺具戒，后往京兆荐福寺听习经律，七八年间寻穷藏教。"⑤

① （宋）赞宁撰，范祥雍点校：《宋高僧传》卷十四，中华书局 1987 年版，第 338 页。

② （宋）赞宁撰，范祥雍点校：《宋高僧传》卷十四，中华书局 1987 年版，第 336 页。

③ （宋）赞宁撰，范祥雍点校：《宋高僧传》卷十四，中华书局 1987 年版，第 337 页。

④ （宋）赞宁撰，范祥雍点校：《宋高僧传》卷二十九，中华书局 1987 年版，第 719 页。

⑤ （宋）赞宁撰，范祥雍点校：《宋高僧传》卷十二，中华书局 1987 年版，第 298 页。

（二）华严宗法藏

北魏之后，"南北之《华严》研究大盛，怠及唐初，遂有本宗之确立"[①]。华严宗在唐初正式确立，法顺、智首、法藏、澄观及宗密为"华严五祖"。

华严宗在唐代因法藏颇得帝王赏识而迅速发展。对于法藏的生平，唐崔致远《唐大荐福寺故寺主翻经大德法藏和尚传》是记载得最为详细的史料，唐阎朝隐《大唐大荐福寺故大德康藏法师之碑》、宋释赞宁《宋高僧传》的《周洛京佛授记寺法藏传》、宋释志磐《贤首法藏法师传》、清释续法《法界宗五祖略记》等对其记载也都较为详尽。根据这几种文献的记载可知，法藏俗姓康，祖上是康居国人，故以国名为姓，后世也称其为康藏法师、贤首国师。法藏十六岁出家，拜智首为师并随之修习《华严经》。因为法藏对华严宗发展的巨大推动作用，因此他被视为华严宗理论体系的实际创立者。

华严宗于唐初确立，其得以迅速发展很大程度上与唐初帝王的大力扶持有关。法藏大师为解决《华严经》内容繁杂、文意深远的问题，根据《华严经》的特点专门编撰了《金师子章》。法藏与唐代上层关系密切，因设坛祈雨、讲法等颇受尊崇和器重。他曾通过种种形象的譬喻向武则天宣讲《华严经》的内容，促使武则天成为《华严经》翻译和传播

---

① 汤用彤：《隋唐佛教史稿》，武汉大学出版社 2008 年版，第 151 页。

的积极推动力量。因为法藏持续不懈的努力，华严宗在唐代得到高宗、武则天、中宗等几代统治者的大力扶持，不断发展壮大。

法藏与大荐福寺渊源颇深，他曾担任大荐福寺寺主。他除了在长安云华寺、太原寺、荐福寺讲法外，还在洛阳重要寺院佛授记寺弘扬《华严经》。他所著的《华严探玄记》《金师子章》等十几种著作为天下所流行应该也与此有关。如法藏等学说除了在汉地传播外，也因其弟子的缘故传播到日本、朝鲜，促进了当地华严宗的建立。跟随法藏学习的弟子非常之多，"从学如云，莫能悉数，其铮铮者，略举六人"[1]，此六人即宏观、文超、智光、宗一、慧苑、慧英。华严宗蓬勃的弟子是形成华严宗派的基础力量，在他们的努力下，华严宗散布到韩国、朝鲜、日本等地，以至在亚洲文化圈独具影响力。义湘把《华严经》带到了韩国和朝鲜，并通过他的再传弟子流入日本。义湘在华严宗历史上享有崇高的声望。此外，行标（781-856）可能进入长安大荐福寺学习华严经典，晚年在今莆田弘传《华严经》。有学者研究，在《宋高僧传》记载中，唐后期全国华严学人参学和驻锡过的寺院有西明寺、安国寺、大兴善寺、崇福寺、禅定寺等。《有唐新罗国故两朝国师教谥大朗慧和尚白月葆光之塔碑铭》曾记载，新罗国慧无染"遇说《杂花》《华严经》者"[2]。

---

① 方立天：《法藏与〈金师子章〉》，中国人民大学出版社 2012 年版，第 383 页。

② 具体参见其中曹振明关于"唐代后期关中华严学人及其所驻寺院（地）考略"的论述。曹振明：《隋唐关中华严思想研究》，西北大学 2012 年硕士学位论文，第 25—27 页。

由此可推测，长安在唐代始终是华严学研究重镇。

（三）禅宗僧人

禅宗在中国佛教宗派中最具特色，在唐代得到迅猛发展，禅宗高僧也多次受到唐代统治阶层召见。禅宗在唐代得到极快发展的根本原因是得到唐代多位帝王扶持。如，唐太宗听闻道信盛名后多次召其入宫，但屡被道信婉拒。天授二年（691），武则天在内道场召见禅宗著名高僧神秀，对其礼遇有加，"并肩舆上殿，亲加跪礼"①。五祖弘忍被唐代宗谥为"大满禅师"。弘忍的两个著名弟子分别为神秀和慧能，其中慧能是禅宗六祖。禅宗在有唐一代影响力越来越大。道光禅师是禅宗著名高僧，开元年间，道光禅师曾在大荐福寺活动。王维在《大荐福寺大德道光禅师塔铭》中写道："十年座下，俯伏受教。"②道光禅师圆寂后，建塔埋于城南。长期在大荐福寺修行的栖白也是禅宗僧人，他在宗教和政治上都颇有影响力，是当时著名的诗僧之一，"宪宗朝，端甫、皓月、栖白相次应命"③。《全唐诗》卷八百二十三记载了栖白曾在大荐福寺居住的史实："栖白，越中僧，前与姚合交，后与李洞、曹松相赠答。宣宗朝，尝居荐福寺，内

① （宋）赞宁撰，范祥雍点校：《宋高僧传》，中华书局1987年版，第177页。
② （唐）王维著，（清）赵殿成笺注：《王右丞集笺注》，中华书局1961年版，第406页。
③ （宋）赞宁撰：《大宋僧史略》卷三，《大正藏》第54册，第250页上栏。

供奉，赐紫。诗一卷。今存十六首。"[1] 禅宗在唐代迅速发展并快速走向民间，保持了顽强旺盛的生命力。因其具有平民化、通俗化特质，即使遭遇会昌法难也得以保证法脉传扬。

（四）密宗僧人

唐代中后期，来自印度的善无畏、金刚智和不空创立了中国佛教史上的密宗。此三人被称为开元三大士。其中金刚智与大荐福寺颇有因缘。

金刚智到达洛阳和长安后，曾陆续在大慈恩寺、资圣寺、大荐福寺等地翻译佛经。他译经以密教经典为主，包括《金刚顶瑜伽中略出念诵经》《金刚顶经瑜伽修习卢遮那三摩地法》等。金刚智非常重视对密宗的阐扬，据《宋高僧传》记载，他所到之处皆建立道场，给弟子灌顶。长安大兴善寺和青龙寺是密宗活动中心，密宗的活动以此向全国辐射发展。在金刚智弟子不空的努力下，密宗在中国的发展至后世难以企及的高度。根据上述记载，密宗弟子也同样在大荐福寺生活和修行过。

---

[1] （清）彭定求等编：《全唐诗》，中州古籍出版社 2008 年版，第 4154 页。

（五）域外留学僧

隋唐二代呈现出的盛大气象成为中国古代历史中的"盛世"，对外开放、包容互利是唐代社会繁盛灿烂的重要因素。唐代开放涉及了使节互访、商旅贸易、僧侣留学等多方面。唐代佛教向新罗、日本等周边国家散布和传播，这种传布通过文化、艺术、宗教也辐射至周边地区。海外留学僧的参访也是中国佛教繁荣昌盛的表现形式之一。"中国的影响与其说归因于从朝鲜至伊朗的远征节节胜利，毋宁说归功于佛教。就日本与朝鲜而言，唐代中国是佛教的第二故乡。"① 很多域外高僧也在大荐福寺有过活动，如日本僧人圆仁、惠远、圆珍等曾巡礼过大荐福寺。圆仁用汉文日记体撰成的《入唐求法巡礼行记》，记述了他入唐求法前后十年的经历，是了解中唐时期我国历史地理、风俗人情、社会经济、政治宗教等的重要史料。如关于佛寺"俗讲"和五台山普通院的记载，已成为现代学者研究的主要材料。书中与佛寺有关的政治变动和运动的记述，比正史记载明晰得多。圆仁逗留长安的时间占他入唐时间的一半，可惜对长安的记述仅占其书五分之一。记录涉及长安章敬寺、资圣寺、青龙寺、大荐福寺、大庄严寺、崇圣寺、慈恩寺等二十多座佛教寺院，极具史料价值。圆仁之书有小野胜年的校注和

---

① ［法］谢和耐著，黄建华、黄迅余译：《中国社会史》，江苏人民出版社2014年版，第229页。

白化文等人的校注补释。①

　　因耗费时间相对较短且设置关卡较少，新罗僧侣多以海路入唐。许多新罗僧人来唐，并不是单纯以求法为目的，往往还包含着文化、政治、经济贸易等许多原因②，所以登州、扬州、楚州和江南等商业较发达地区多是新罗僧侣入唐的选择。

　　因与朝鲜半岛的特殊关系，在中国内地的新罗、百济、高丽僧人要比日本僧人多得多，而且来中国内地求法的时间也更早。他们中很多人直接参与长安佛教寺院的译经工作，担任证义、笔受、缀文等职，成为译场的一支重要力量。在译经场所工作时间非常长，并非一朝一夕，为译经事业做出最大贡献的无疑是神昉、圆测二人。③有的新罗僧在学成之后，其佛学成果传播至祖国，并产生了绵绵不绝的影响。新罗僧慧超法师从印度来到长安，在大荐福寺跟随金刚智学习密宗长达八年，最后终老于唐，但他对佛经的研究成果传回故国，对本国密教的发展有很大的促进作用。④利涉于开元年间在安国寺弘讲华严之时，"四众赴堂，迟则无容膝之位"⑤，圆照应曾参与利涉的

　　① 龚国强：《隋唐长安城佛寺研究》，文物出版社 2006 年版，第 8 页。

　　② 李成国：《新罗入唐僧侣考略》，延边大学 2012 硕士学位论文，第 10 页。

　　③ 李成国：《新罗入唐僧侣考略》，延边大学 2012 硕士学位论文，第 38 页。

　　④ 杨昭全、何彤梅：《中国—朝鲜·韩国关系史》，天津人民出版社 2001 年版，第 185—186 页

　　⑤ （宋）赞宁撰，范祥雍点校：《宋高僧传》，中华书局 1987 年版，第 419 页。

弘讲法会，后来圆照还曾著《大唐安国寺利涉法师传》。[①] 唐代长安文化的影响还通过各种形式传播开来，如建筑、绘画等。龚国强先生经过研究，认为朝鲜半岛的佛塔在不同时期有不同风格，但每个时期都有中国塔的影响，特别是唐长安慈恩寺塔和荐福寺塔，并且认为统一新罗时期佛国寺的多宝塔很可能借鉴了唐长安千福寺、翠微寺和悟真寺的多宝塔。[②] 朝鲜留学僧回国后带回了长安佛教教义和大量汉文典籍，引领了本国佛教的建设和发展。正如黄有福、陈景富先生所说："在中朝两国的历史交往中，还没有哪一项活动像佛教文化交流这样具有如此的广泛性、群众性。"[③]

余论

一个大寺的宗派并非泾渭分明，实际情形往往是多宗并存，不同时期有不同宗派兴起。"寺域本身的宗派属性是变化的，在一定情形下，大的佛寺所奉行的是多元宗派策略，不同宗派或者不同倾向的僧人同居一所佛寺，乃是中国佛教之

---

① 具体论述参见曹振明关于"唐代后期关中华严学人及其所驻寺院（地）考略"的研究。曹振明：《隋唐关中华严思想研究》，西北大学 2012 年硕士学位论文，第 29—30 页。

② 龚国强：《隋唐长安城佛寺研究》，文物出版社 2006 年版，第 239—242 页。

③ 黄有福、陈景富：《中朝佛教文化交流史》，中国社会科学出版社 1993 年版，第 19 页。

常态"①。

安史之乱以后，社会动荡，藩镇割据，密宗盛行，开始出现专宗专院的倾向，如大兴善寺、青龙寺是密宗道场，而千福寺是天台宗中心寺院等。义净、法藏、金刚智、栖白等高僧并非止于某一寺院，而是游走在长安、洛阳等多个寺院讲学、弘法，因此促进了宗派的建立、思想传播和人才的培养。

第三节　长安佛教寺院与洛阳的宗教交流
——以两京译经活动为中心

中国古代地域庞大，为了保持帝国的完整性和行之有效的统治设立陪都制度。一般认为，陪都出现在殷商时期，其设置始终贯穿在中国历史长河之中。陪都的设置与城市所在的地理位置有密切关系。②洛阳素有"天下之中"的美誉，因处于"水陆交会"的特殊位置，水路和陆路极为便利通达，

---

①　杨维中：《"宗派"分野与"专业分工"——关于隋唐佛教成立宗派问题的思考》，《河北学刊》2020 年第 3 期，第 51 页。

②　陪都的概念往往与副都、两京制、多京制、复都制（多见于日本学者的学术论述）相关。参见安佳玉：《唐代陪都建置的原因及影响探析》，东北师范大学2019 年硕士学位论文，第 3 页对上述概念的具体辨析。

物产丰饶富足。通过史籍的记载，我们约略可看到当时洛阳作为交通枢纽的重要作用，"沟通江汉之漕，控引河淇之运"①，"天下之舟船所集，常万余艘，填满河路，商旅贸易，车马填塞"②。因为地理位置优越，洛阳在中国历史上多次被设置为首都或者陪都。

隋唐时期，洛阳的经济、政治和交通作用越发显著，作为陪都的地位逐渐抬升和确立。唐高宗显庆二年（657），改洛阳宫为东都，由此确立了洛阳陪都的政治地位。洛阳被设立为陪都后，因其位置优越、经济富足、政治地位显著、文化教育发达等对首都长安形成了有力支撑，作为陪都的洛阳存在时间在有唐一代持续了 225 年。③ 太宗、高宗、玄宗曾多次巡幸洛阳。武则天执政的二十二年里，只有长安元年（701）至长安三年（703）身处长安，其余均在洛阳度过。光宅元年（684），武则天改洛阳为神都，洛阳正式成为都城，形成了以长安—洛阳为轴心的东西平衡性两京制。多数情况下，陪都在政治和责任方

---

① （宋）宋敏求编：《唐大诏令集》卷七十九，中华书局 2008 年版，第 45 页、第 453 页。

② （清）徐松撰，（清）张穆校补：《唐两京城坊考》，中华书局 1985 年版，第 180 页。

③ 对于洛阳作为陪都的时间，学者们有不同的看法，李久昌先生在去掉洛阳被废掉陪都或成为都城的时间后，计算洛阳实际作为陪都存在的时间是 166 年 6 个月。安佳玉在其论文中提出洛阳作为陪都总计为 225 年。参见李久昌：《国家、空间与社会——古代洛阳都城空间演变研究》，三秦出版社 2007 年版，第 102 页；安佳玉：《唐代陪都建置的原因及影响探析》，东北师范大学 2019 年硕士学位论文，第 30 页。

面会逊色于首都，只具有首都的部分权力和责任，但洛阳在武则天时期成为了实际首都，其权力至高无上。① 洛阳另一个不容忽视的角色是唐代陆上丝绸之路东端起点。因为其独特的地理位置，与海上丝绸之路也有着密切联系。② 唐代求法高僧择洛阳出发西行求法者络绎不绝。

唐洛阳多年来受到很多学者的关注，陈寅恪、唐长孺、韩国磐、岑仲勉、全汉升、宿白等前贤从政治史、考古、城市史、军事史等不同角度对其进行过探讨。日本学者平冈武夫对洛阳研究用力颇深，二十世纪五十年代编著了《唐代的长安和洛阳·资料篇》。③ 上述成果斐然，后出现了专门探讨洛阳史地文化的洛阳学。杨鸿年《隋唐两京考》探讨了唐代洛阳城由来、布局、街道和里坊制等。④ 丁海斌的《中国古代陪都史》对唐代陪都行政建置、地理、经济文化等作以介绍，并在论文中谈及洛阳作为陪都的功能和作用、陪都的经济意义。⑤ 王立强的

---

① 参见丁海斌：《论中国古代的多京制》，《社会科学战线》2015 年第 8 期，第 90—99 页；安佳玉：《唐代陪都建置的原因及影响探析》，东北师范大学 2019 年硕士学位论文，第 98 页。

② 学者们将洛阳与丝绸之路的联系分为通往朝鲜、日本等地的东海航线，与通往东南亚、南亚、西亚和非洲等地的南海航线。洛阳有三条南海的航线，分别是从会稽、东冶至洛阳，从广州至洛阳，从缅甸经云南、四川至洛阳。参见许永璋：《古代洛阳与南海丝绸之路》，《史学月刊》2000 年第 1 期，第 30—36 页。

③ ［日］平冈武夫：《唐代的长安和洛阳·资料篇》，同朋舍 1977 年版。

④ 杨鸿年：《隋唐两京考》，武汉大学出版社 2005 年版。

⑤ 关于陪都的类型、功能的探讨参见丁海斌：《论中国古代陪都现象》，《社会科学战线》2011 年第 1 期，第 81 页。

《隋唐长安（大兴）与洛阳主辅关系转换问题研究》探讨了隋唐之际长安（大兴）与洛阳之间主辅关系发生的三次转换，是周代以来中国政治重心在黄河流域内从西向东移动、转变的延续，是隋唐政治中心变迁和国家命运的兴衰表现。[①] 王维坤与张小丽在《论隋唐洛阳城的设计思想与影响》中，对洛阳规划思想的总结涉及了经济、军事、文化等多种因素。[②] 安佳玉论述了洛阳在政治、经济、文化教育方面作为陪都的重要意义。[③] 上述对唐洛阳研究的成果中，多着眼于城市空间、洛阳作为陪都兴建历史和设置、经济和政治功能、交通地位等，但对洛阳佛教与都城长安的佛教文化交流成果并不多见。张莹的《唐代两京地区佛教的传播及影响》比较了唐代长安和洛阳寺院在城坊和郊区的分布情况，提出洛阳城坊寺院多于郊区，这些特点与它的政治、经济、文化、信仰状况和运河渠道的交通情况联系紧密。[④] 因武周时期洛阳的政治核心地位，所以在武则天与佛教的关系研究中涉及了洛阳佛教情况，如闵军探讨了武则天时期道场很多著名高僧被招入京城参加译经、讲经、诵经以及

---

① 王立强：《隋唐长安（大兴）与洛阳主辅关系转换问题研究》，辽宁大学2019年硕士学位论文。

② 王维坤、张小丽：《论隋唐洛阳城的设计思想与影响》，《西北大学学报（哲学社会科学版）》2004年第4期，第127—131页。

③ 安佳玉：《唐代陪都建置的原因及影响探析》，东北师范大学2019年硕士学位论文。

④ 张莹：《唐代两京地区佛教的传播及影响》，陕西师范大学2008年硕士学位论文。

迎奉佛骨活动。[①]

"隋唐二代长安、洛阳东西两京俱为政治文化之中心，而长安为西魏、北周以来关中本位政策之根据地"[②]。洛阳在文化教育活动上仅次于长安。洛阳作为唐朝东都和武周时神都，与长安一样定期举办科举考试。高宗、武则天、玄宗时期洛阳没有间断过科举考试，特别在武则天时期常举、制举都在洛阳举行。高宗时期，洛阳开始设立国子监，称之为东监，后又设有国子馆、律馆、太学、算馆、广文馆、书馆、四门馆与崇玄学等。长安作为唐代都城和丝绸之路的起点是中印文化交往的主要空间，而作为陪都的洛阳在当时具有特殊地位，扮演着和长安相似的历史角色。这其中，佛教成为二者交流的重要载体。

洛阳城建制与长安同，分为内、外城。洛阳佛教文化昌盛，寺庙众多，缁素往来不绝。洛阳城内寺院多于郊区，寺院建立在政治经济集中、人口密集区域，这与其地理位置有很大关系。寺院具体分布格局是城坊远多于郊区，因为城坊更接近政治中心，佛寺多在与运河渠道靠近的坊里建立。[③] 据《唐两京城坊考》《河南志》统计，洛阳城内共有佛寺 32 座、

[①] 闵军：《武则天时期的宫廷佛事造动研究》，西北大学 2006 年硕士学位论文。

[②] 陈寅恪：《陈寅恪集·隋唐制度渊源略论稿》，生活·读书·新知三联书店 2001 年版，第 161 页。

[③] 张莹：《唐代两京地区佛教的传播及影响》，陕西师范大学 2008 年硕士学位论文，第 22—24 页。

宫观 20 座。洛阳城中位于修文坊的弘道观、崇业坊的福唐观、
延福坊的福先寺贴近城内人口较为密集区域。《续高僧传》中
提到洛阳有佛寺十所：慧日寺、净土寺、汉王寺、龙天道场、
宜阳十善寺、护法寺、陕县大通寺、大兴国寺、通明寺、灵
胜寺。有学者根据对几个地域不同典籍的记载，将确定为洛
阳的寺庙分别进行统计，分布在外郭城北面的道光坊有安乐
寺、昭成寺；毓材（财）坊有大云寺等；洛阳外郭城南面有安
国寺等；城南龙门有奉先寺、广化寺、敬善寺、菩提寺、天竺
寺、香山寺等。从唐诗以及佛家典籍中考出唐洛阳城中还有
宝应寺、大遍空寺、佛光寺、广爱寺、广福寺、弘圣寺、惠
林寺、开元寺等。[①]

　　洛阳作为陪都，佛教之隆盛仅逊于长安。高宗和武则天时
期，洛阳的政治地位超越长安，成为实际的都城。武则天统治
时期更是积极提升佛教的地位，重视佛典翻译，广修佛寺，供
养高僧。洛阳寺院云集，译经高僧众多，和长安同为唐代译经
重镇。长安和洛阳均有众多的域外胡人，因此洛阳也成为域外
僧人弘法、翻译佛典的中心，一些著名的胡僧驻足于此，从事
佛典翻译工作。高宗、武则天对洛阳佛教发展起到了推进作用，
一些高僧与贵族交往频繁，洛阳的佛教信徒从者如云。

　　① 陈燕妮在论文"唐代洛阳佛寺建筑概论"一节中，参考了李芳民《唐五
代佛寺辑考》总结的洛阳佛寺情况，梳理了洛阳佛寺的分布情况。参见陈燕妮：
《城市与文学》，苏州大学 2009 年博士学位论文，第 85—87 页。

（一）译主辗转两京寺院主持佛典翻译

武则天称帝后，将政治中心从都城长安迁到洛阳，促使洛阳成为仅次于长安的佛经翻译中心。武则天自身佛学修为深厚，对译经事业非常支持。她为译场提供充足的物质保障，精选名师主持译场，聘请域外高僧参与译经。洛阳的佛授记寺、福先寺、广福寺、内道场大遍空寺、三阳宫等聚集了不少域内外知名译师主持翻译。于阗国高僧提云般若就在魏国东寺翻译了华严经经典，"其人慧悟超伦，备穷三藏，在于本国，独步一人，后为观化上京，遂赍梵本百有余部，于垂拱年内届至神都，有敕慰喻，入内供养，安置魏国东寺，令共大德十人翻译经论，仍令先译华严"①。这里的魏国东寺就是洛阳三大译场之一的福先寺。

大遍空寺是设于洛阳的翻经内道场。由高僧实叉难陀主持，法藏、义净、复礼等高僧参与，译成新《华严经》八十卷，得到了武则天极大支持，"叉与经夹同臻帝阙，以证圣元年乙未于东都大内大遍空寺翻译。天后亲临法座，焕发序文，自运仙毫，首题名品。南印度沙门菩提流志、沙门义净同宣梵本，后付沙门复礼、法藏等于佛授记寺译成八十卷"②。

两京译师经常互通，不耽于某一寺院译经。义净、金刚智、慧智、菩提流志、实叉难陀等曾驻锡两京不同的寺院主持翻译。

---

① （唐）提云般若等译：《大乘法界无差别论疏》，《大正藏》第44册，第63页下栏。

② （宋）赞宁撰，范祥雍点校：《宋高僧传》，中华书局1987年版，第31—32页。

义净回国后受到极高的礼遇，"敕于佛授记寺安置焉"①，并在此主持翻译，整理佛典著作。后又"于东洛内道场译孔雀王经"，唐中宗神龙元年（705），义净在福先寺翻译了《佛为胜光天子说法经》《香王菩萨陀罗尼咒经》《庄严王陀罗尼咒经》等佛经，兵部侍郎崔湜、给事中卢粲为其润文正字，秘书监驸马都尉杨慎交负责监护。义净的福先寺译场也有来自长安的僧人参与，慈恩寺僧人法宝负责证义工作。义净又至长安大荐福寺主持翻译，"（神龙）二年，净随驾归雍京，置翻经院于大荐福寺"②。唐玄宗先天二年（713），义净圆寂后葬于洛阳北之高冈。义净的翻译工作辗转于佛授记寺、福先寺、西明寺、大荐福寺等长安和洛阳之间重要寺庙中。

金刚智是洛阳广福寺的译主，他来到汉地后先被迎就至长安慈恩寺，后又迁至大荐福寺、资圣寺等寺院主持翻译，陆续译出了密典《观自在瑜伽法要》等。域外的觉救（佛陀多罗）"止洛阳白马寺，译出《大方广圆觉了义经》"③。实叉难陀也甚受武则天崇重，他携带佛典于证圣元年（695）在洛阳大遍空寺主持翻译《华严经》，武则天亲临译场给译典作序文，"天后亲临法座，焕发序文，自运仙毫，首题名品"④。华严经典的翻译和传播对唐代华严宗的形成具有重要意义。久视元年（700），武则天命实叉难陀在三阳宫翻译《大乘入楞伽经》，并让法藏等

---

① （宋）赞宁撰，范祥雍点校：《宋高僧传》，中华书局1987年版，第2页。
② （宋）赞宁撰，范祥雍点校：《宋高僧传》，中华书局1987年版，第2页。
③ （宋）赞宁撰，范祥雍点校：《宋高僧传》，中华书局1987年版，第27页。
④ （宋）赞宁撰，范祥雍点校：《宋高僧传》，中华书局1987年版，第31页。

人协助。后实叉难陀又在长安的清禅寺和洛阳的佛授记寺两地翻译出《文殊授记经》。晚岁时，他被敕住于大荐福寺，并圆寂于此。

菩提流志是南天竺人，净土宗高僧。菩提流志在高宗永淳二年（683）被遣使迎接，在洛阳和长安重要寺庙中主持译经。武则天对其译经事业非常支持，敕令其在洛阳福先寺译经，"天后复加郑重，令住东洛福先寺译佛境界、宝雨、华严等经，凡十一部"①。中宗时，菩提流志又折返长安崇福寺主持译场，翻译出《大宝积经》等。睿宗朝又在长安北苑白莲池、甘露亭续其译事，译场规模宏阔，儒释名士均有参与。开元十二年（724），菩提流志又随驾居洛阳长寿寺。

洛阳天竺寺的宝思惟"以天后长寿二年，届于洛都，敕于天宫寺安置。即以其年创译至中宗神龙景午，于佛授记、天宫、福先等寺，出不空罥索陀罗尼经等七部"②。

法藏曾在长安、洛阳两地主持多个寺庙，尤与长安大荐福寺、洛阳法门寺有着非常密切的关系。法藏曾参与洛阳大遍空寺实叉难陀译场译经。

除了译主在洛阳、长安两地的不同寺院主持过译经，其他参与译经的人员也沟通密切。魏国寺的天智曾"谒天后于洛阳，敕令就魏国东寺翻译"③，并在佛授记寺译出《观世音颂》。天智

---

① （宋）赞宁撰，范祥雍点校：《宋高僧传》，中华书局 1987 年版，第 43 页。
② （宋）赞宁撰，范祥雍点校：《宋高僧传》，中华书局 1987 年版，第 42 页。
③ （宋）赞宁撰，范祥雍点校：《宋高僧传》，中华书局 1987 年版，第 33 页。

其父是印度人，但生在中原，尤擅梵语。地婆诃罗、提云若那、宝思惟等译场均召天智为度语。[1]

洛阳作为仅次于长安的国际型大都市文化开放多元，番客胡商云集，吸引着诸多域外僧人前来弘法传道。印度高僧善无畏就是"商旅同次"来到洛阳。[2] 域外僧人也往来于长安、洛阳弘法和进行佛典翻译，菩提流志、实叉难陀、善无畏、不空等胡僧在很多大寺担任译主，僧伽、满月、智严、寂友、觉护、释伽梵达摩等胡僧也参与了很多翻译工作。

（二）两京佛教徒互相参学问道

佛教思想和文化在洛阳大寺通过译经等方式被吸收和阐扬，这些大寺成为当时佛学知识和文化教育中心，吸引着大批佛学人才。以洛阳福先寺为例，它是武则天母亲杨氏旧宅。武则天对福先寺感情深厚，聘请高僧翻译了很多佛经，在武周时期是名副其实的大寺，"尔乃崇梵宇，选名僧，或杖锡而来臻，或乘杯而戾止，莫不情尘久谢，性月恒明"[3]。福先寺有名的译师有地婆诃罗、提云般若、菩提流志、义净等。因此，福先寺与大遍空寺、佛授记寺成为洛阳的佛典翻译中心，拥有类似长

---

① （宋）赞宁撰，范祥雍点校：《宋高僧传》，中华书局 1987 年版，第 34 页。

② （唐）李华：《东都圣善寺无畏三藏碑》，《全唐文》卷三百一十九，（清）董诰等编，中华书局 1983 年版，第 3239 页。

③ （唐）高宗武皇后：《大福先寺浮图碑》，《全唐文》卷九十八，（清）董诰等编，中华书局 1983 年版，第 1011 页。

安西明寺这种知识中心的地位。

在洛阳福先寺内，一行禅师曾聚集全国僧人对佛学英才进行选拔，"时一行禅师国之师匠，过虑将来佛法谁堪扞御？谁可阐扬？奏召天下英髦学兼内外者集于洛京福先寺，大建论场。彪为众推许，乃首登座，于瑜伽、唯识、因明、百法等论，竖立大义六科，敌论诸师茫然屈伏"①。一行禅师将福先寺作为选拔人才的道场，可见当时福先寺的重要地位。神秀虽然在洛阳度众授法，但同样受到长安佛教界的崇敬和追随，"洛阳大行禅法，两京之间皆宗神秀"②。

唐代两京大寺聚集了当时知识精英，僧人往往在不同寺院游历访学。以大安国寺端甫为例，他分别在不同寺院学习律、唯识、涅槃，"学毗尼于崇福寺昇律师，传唯识于安国寺素法师，通涅槃经于福林寺崟法师"③。这种情况在长安、洛阳应是一种常态。洛阳佛典翻译的兴盛也必然对长安僧人有着极大的吸引力，他们也因为各种缘由来洛阳参禅问道。义净在翻译之余在两京教授学徒，"译缀之暇，曲授学徒。凡所行事皆尚其急。滤囊涤秽，特异常伦。学侣传行，遍于京洛"④。不空就曾跟随金刚智赴洛阳学习，"厥后师往洛阳，随侍之际，遇其示灭"⑤。长安总持寺的智通曾去洛阳学习梵语并学有所成，"自幼挺秀，

① （宋）赞宁撰，范祥雍点校：《宋高僧传》，中华书局1987年版，第97—98页。

② （宋）赞宁撰，范祥雍点校：《宋高僧传》，中华书局1987年版，第179页。

③ （宋）赞宁撰，范祥雍点校：《宋高僧传》，中华书局1987年版，第123页。

④ （宋）赞宁撰，范祥雍点校：《宋高僧传》，中华书局1987年版，第3页。

⑤ （宋）赞宁撰，范祥雍点校：《宋高僧传》，中华书局1987年版，第7页。

即有游方之志，因往洛京翻经馆学梵书并语，晓然明解"①。洛阳高僧也经常赴长安传法，洛阳长寿寺的可止在长安传授弘法利生，"景福年中，至河池，有请讲因明。后于长安大庄严寺化徒数载"②。长安安国寺僧人子邻受到来洛阳僧人弘法的影响而出家，"开元初，东都广爱寺庆修律师游于岱宗，经范氏之舍。邻一见之，喜贯颜色，拜求出家"③。

西汉时，佛教传入汉地，伊始被视为祭祀方术。随着佛教逐步阐扬，其与中国传统文化冲突、融合产生交互影响，为更多中国人所接受和信仰。及至唐代，佛教对两京地区信徒的影响不仅仅局限于统治者阶层和上层知识人士，也对民众的信仰产生了诸多影响，信奉佛教者如云。两京大寺众多高僧云集，很多僧人和信众穿梭往返于长安、洛阳两地学习。金刚智擅扬密教，曾在长安、洛阳两地传法，黑衣白衣追随者甚多，"两京禀学，济度殊多，在家出家，传之相继"④。洛阳高僧崔珪的信众也分布在长安、洛阳两地，信徒交往频仍，"请珪于洛龙兴寺化徒。两京缁白往来问道，檀施交骈"⑤。学徒往返两京也是常事，在佛学上互相渗透和改造，"两京学徒，群方信士，不远千里，同赴五门，云集雾委，虚往实归"⑥。史载："唐贞观、

---

① （宋）赞宁撰，范祥雍点校：《宋高僧传》，中华书局1987年版，第41页。
② （宋）赞宁撰，范祥雍点校：《宋高僧传》，中华书局1987年版，第149页。
③ （宋）赞宁撰，范祥雍点校：《宋高僧传》，中华书局1987年版，第48页。
④ （宋）赞宁撰，范祥雍点校：《宋高僧传》，中华书局1987年版，第6页。
⑤ （宋）赞宁撰，范祥雍点校：《宋高僧传》，中华书局1987年版，第215页。
⑥ 周绍良：《全唐文新编》，吉林文史出版社2000年版，第2717页。

开元之间，公卿贵戚开馆列第于东都者，号千有余邸。"[1] 窥基随处化徒，圆寂时"弟子哀恸，余外执绋会葬，黑白之众盈于山谷"[2]。

（三）延请高僧驻锡两京弘法

唐代都城形成长安—洛阳轴心格局，高宗、武则天主要在洛阳理政。洛阳为东都，其政治地位仅次于长安。在唐高宗至安史之乱期间，洛阳甚至超越了长安成为政治中心，武则天执政期间更是长驻于此。[3] 佛教在武周时期发展到殿堂佛宇处处皆有的地步。有学者统计，唐代高僧徙居他乡大体遵循就近和面向长安、洛阳二京，外国来华高僧居洛阳、长安者最多。[4]

高僧常常受到皇帝邀请或者随驾至洛阳驻锡讲法。武则天打破唐初崇道抑佛的政策，崇敬高僧、抬高佛教的地位，并经常延请高僧至洛阳弘法。金刚智就曾被武则天邀请至洛阳，"后随驾洛阳"[5]；武则天对实叉难陀给予极高的礼遇，"帝屈万乘之尊，请迎于开远门外。倾都缁侣，备幡幢导引"[6]；慈恩寺的义

---

① 李格非：《洛阳名园记》，中华书局 1985 年版，第 18 页。

② （宋）赞宁撰，范祥雍点校：《宋高僧传》，中华书局 1987 年版，第 65 页。

③ 郭绍林：《唐高宗武则天长驻洛阳原因辨析》，《史学月刊》1985 年第 3 期，第 22—29 页。

④ 李映辉：《论唐代高僧游徙的空间分异》，《中国历史地理论丛》2004 年第 2 期，第 99 页。

⑤ （宋）赞宁撰，范祥雍点校：《宋高僧传》，中华书局 1987 年版，第 4 页。

⑥ （宋）赞宁撰，范祥雍点校：《宋高僧传》，中华书局 1987 年版，第 32 页。

福"开元十一年从驾往东都经蒲、虢二州"①,"初福往东洛,召其徒戒其终期,兵部侍郎张均、太尉房管、礼部侍郎韦陟常所信重,是日皆预造焉"②。

有些高僧受到几代帝王的崇敬。神秀是两京法主、三帝国师,备受武则天、中宗、睿宗的推崇。"久视中,则天召神秀至东都论道"③。在武则天往返长安和洛阳时候,"躬为帝师"的神秀也经常跟随左右,"随驾往来二京教授"④。玄宗出行也常有高僧陪伴,"玄宗幸雒,敕与良秀法修随驾"⑤。武则天对高僧给予极高礼遇。洛阳的寂友曾与实叉难陀等共同翻译《楞伽经》,晚年要求回归故里时被赐予丰厚的礼品,"天后以厚礼饯之"⑥。

被延请至洛阳的高僧也会在内道场举办法事活动。洛阳佛授记寺法藏在讲授《华严经》时擅巧化诱,为武则天所重。长安四年(704),八十高龄的武则天将法藏从长安崇福寺召至洛阳,供奉于内道场,建华严法会。武则天敕令法藏前往法门寺迎舍利,法藏请出舍利,于次年正月十一日送至洛阳。武则天敕令王公百官和洛阳的善男信女制作精美华贵的幡华幢盖,由太常寺演奏庄严的乐曲,将舍利迎至明堂。武则天曾借助佛教

---

① (宋)赞宁撰,范祥雍点校:《宋高僧传》,中华书局1987年版,第197页。
② (宋)赞宁撰,范祥雍点校:《宋高僧传》,中华书局1987年版,第197页。
③ (宋)赞宁撰,范祥雍点校:《宋高僧传》,中华书局1987年版,第198页。
④ 张岂之主编:《中国学术思想史编年》隋唐代卷,陕西师范大学出版社2006年版,第307页。
⑤ (宋)赞宁撰,范祥雍点校:《宋高僧传》,中华书局1987年版,第97页。
⑥ (宋)赞宁撰,范祥雍点校:《宋高僧传》,中华书局1987年版,第34页。

的力量称帝，洛阳佛寺的兴建乃至命名莫不受到武则天统治政策的影响。

结论

以唐代京洛交通为轴，长安—洛阳为两极的区域文化交流非常频繁，大大促进了两京之间佛教文化交流。唐代几乎所有重要的译师和学问僧都有羁旅京洛的经历。唐代大乘佛教不断壮大。统治者对佛典传译和高僧的礼遇客观上积极推动了中国佛教宗派的建立。如迎请高僧义净和支持其译场，弘传佛教戒律；武则天鼓励《华严经》的翻译，华严宗为帝王所重并流行开来。除了华严宗，具有影响力的北宗神秀和南宗慧能相继受诏入京，促进了禅宗在上层社会流行，使其声誉日隆。外来佛教经典的传译，域内外学问僧受到崇敬和供养。华严宗、禅宗、律宗僧人皆因其学问和修行而受到武则天的重视。这些高僧主持的译场也成为当时的知识中心，推动了佛教的发展。"安史之乱"给洛阳带来了巨大破坏，"东都残毁，百无一存"，统治者也较少巡幸洛阳。京洛之间的佛教文化沟通在安史之乱后，随着洛阳政治地位下降而减弱。

第二章

大荐福寺僧与唐代皇权政治

　　自南北朝以来，佛教一直与世俗皇权保持着密切关系，佛教的发展离不开政治的支持和制约，佛图澄、鸠摩罗什、道安等高僧不同程度地参与了政治活动。佛教及僧团也为政治提供服务。唐代佛教除作为一种宗教信仰外，在丧葬礼仪、祈福护佑、阴阳灾异等方面也扮演了积极的角色，发挥了不容忽视的作用。

第一节　祈福与护佑——以唐代长安大荐福寺等寺院的宗教政治活动为中心

　　唐代重要大寺往往既富且贵，如西明寺、慈恩寺、青龙寺、大安国寺等都是经朝廷批准，具有"贵族"性质。它们大多占地广阔、规模宏大、风景秀美、高僧云集，在长安佛寺中具有举足轻重的地位。这些大寺在当时主要是佛教学术研究中心，进行佛典翻译和研究工作。同时，它们也为朝廷提供宗教服务，例如举行斋僧行香，举办各种法事、斋会和祈雨祈雪等。此外，这些大寺还是国家对外签订和约、驻扎军队、接待来朝使者等活动的场所，具有重要政治功能。[①] 这些活动不可避免带有浓厚的祈祷、礼仪性质和国家政权执行者所赋予的政治功能。[②] 唐中宗时，大荐福寺独领风骚。中宗一朝，大荐福寺实际成为整个长安乃至唐帝国的佛教中心，是全国最重要的佛寺之一。[③] 凡遇皇家子嗣出生等重要事宜，中宗都会去大荐福寺祈福，如"二十一日，安乐公主出降武延秀。是月以婕妤上官为昭容。十二月六日，上幸荐福寺"[④]。国忌日或皇帝诞辰日多在大荐福寺等大寺行香斋僧。

（一）国忌行香和国忌设斋

国忌，是指皇帝、皇后的忌日。唐初年即开始了追思先皇、皇后的仪式，并有忌日不乐的惯例。国忌行香，也称为国忌斋会。其兴起具有浓厚的佛教色彩，与佛教的影响有密切关系。宋赵彦卫《云麓漫钞》在探讨宋国忌行香的起源时，曾引用《佛遗教经》中的一段经文，他对于行香的起源阐述到："比丘欲食，先烧香叹攒之。安法师行香定坐而讲，所以解秽流芬也，斯

---

① 聂顺新：《唐代佛教官寺制度研究》，中国社会科学出版社 2019 年版，第84 页。

② 孙昌武：《唐长安佛寺考》，《唐研究》第二卷，北京大学出版社 1996 年版，第 26 页。

③ 孙英刚：《长安与荆州之间：唐中宗与佛教》，荣新江主编《唐代宗教信仰与社会》，上海辞书出版社 2003 年版，第 126 页。

④ （宋）计有功撰，王仲镛校笺：《唐诗纪事校笺》，中华书局 2007 年版，第262 页。

乃中夏行香之始。"① 由此可见，行香的产生很可能与佛教用香有关。

佛教中，通过行香、焚香以表整洁的例子很多，如《长阿含经》卷二记载："寻为如来起大堂舍，平治处所，扫洒烧香，严敷宝座。"②《杂阿含经》卷二十三也有类似记载："王严饰国界，平治道路，悬缯幡盖，烧香散华，及诸伎乐。"③《修行本起经》卷二记载："王敕国中，太子当出，严整道巷，洒扫烧香，悬缯幡盖，务令鲜洁。"④《普曜经》卷三也提到行香要保持整肃："皆敕城内扫除衢路，四徼诸道诸曲里巷，莫有不净不吉之事，瓦石沟坑不净之地；病疾盲聋勿有恶声，散华烧香选吉祥音，悬幡缯盖，庄严门户。"⑤ 上述几处记载皆反映了行香主要起到庄严、清洁、明净的作用。佛教的行香还与持戒有关。《十地经》卷九《菩萨法云地》品记载行香是持戒所需："菩萨住在离垢地中亦复如是，能为一切菩萨净戒律仪行香所依出处，以诸菩萨净戒律仪行香无尽。"⑥ 宋赵彦卫《云麓漫钞》⑦和吴曾的《能改

① （宋）赵彦卫撰，傅根清点校：《云麓漫钞》，中华书局 1996 年版，第 41 页。

② （后秦）佛陀耶舍共竺佛念译：《长阿含经》卷二，《大正藏》第 1 册，第 12 页中栏。

③ （南朝宋）求那跋陀罗译：《杂阿含经》卷二十三，《大正藏》第 2 册，第 166 页上栏。

④ （后汉）竺大力共康孟详译：《修行本起经》卷二《游观品》，《大正藏》第 3 册，第 466 页中栏。

⑤ （晋）竺法护译：《普曜经》卷三第六品《入天祠品》，《大正藏》第 3 册，第 497 页中栏。

⑥ （唐）尸罗达摩译：《十地经》卷九第十品《菩萨法云地》，《大正藏》第 10 册，第 572 页中栏。

⑦ （宋）赵彦卫撰，傅根清点校：《云麓漫钞》，中华书局 1996 年版，第 41 页。

斋漫录》① 对行香内涵和开始时间都有记载。

国忌行香在德宗皇帝时明确成为全国性的佛事活动。国忌行香与降诞节密切联系，"其天下州府，每年常设降诞斋，行香后，便令以素食宴乐"②。在武宗朝灭佛时期，即使很多寺庙受到极大毁坏，国忌行香也没有被完全废止。国忌行香实际上已成为唐代社会民俗文化生活的一部分。国忌行香的组织者和参与者身份有明确规定，一般由国家、州道府或者皇帝、职位较高的官员亲自组织。《云麓漫钞》记载，唐高宗时薛元超、李义府为太子设斋行香，中宗朝设无遮斋，要求五品以上行香。文宗朝，因宰臣崔蠡奏请"国忌设斋行香，事无经据"，所以国忌行香暂时停止。宣宗朝又再次兴起，下诏京城外以及州道府国忌行香，"至宣宗即位之初，先以列圣忌辰行香既久，合申冥助，用展孝思，其京城及天下州府诸寺观，国忌行香，一切仍旧"③。除了国家层面的国忌行香，根据《资治通鉴·唐懿宗咸通九年》记载，州府也有国忌行香："勋虽不能用，然国忌犹行香。"④

"元和九年正月，修撰官太学博士韦公肃上疏曰：'准礼，无忌月禁乐。今太常及教坊，以正月是国家忌月，停习郊庙享宴乐之音，中外士庶，咸罢庆乐。'"⑤ 可见，重要祭祀人的忌辰一般为国忌行香的时间，唐代忌月一般在正月。

---

① （宋）吴曾撰：《能改斋漫录》，中华书局上海编辑所 1960 年版，第 38 页。

② （宋）王溥撰：《唐会要》，上海古籍出版社 2012 年版，第 637 页。

③ （宋）王溥撰：《唐会要》，上海古籍出版社 2012 年版，第 526—527 页。

④ （宋）司马光编著，（元）胡三省注：《资治通鉴》，中华书局 1956 年版，第 8130 页。

⑤ （宋）王溥撰：《唐会要》，上海古籍出版社 2012 年版，第 524 页。

国忌行香最基本要求是保持精洁，禁食酒肉，斋僧人，以体现追思之虔信。

> 石晋天福中，窦正固奏："国忌行香，宰臣跪炉，百官列坐，有失严敬。"今后宰臣跪炉，百官立班，仍饭僧百人，永为定式。①

后员外郎李宗讷奏请，宰臣以下行香，禁食酒肉。除了不举乐，国忌行香还要"不视事，不鞭笞"②。

行香对参与者有明确要求。《唐会要》记载国忌行香不鼓励饮酒作乐，行为要谨肃端正："贞元五年八月敕：'天下诸上州，并宜国忌日准式行香。'十二年五月诏：'先圣忌辰，才经叙慰，戚里之内，固在肃恭。而乃遍从燕游，饮酒作乐，须有所征。'"③

国忌行香有严格的仪式和程序，是斋会的一部分。④义净法师的《南海寄归内法传》中的《受斋仪轨》对七世纪印度斋会进行了阐述，主要有斋戒并重，净人做净，观水念咒等，并无行香的记载。⑤汉地斋会程序是逐步建立完善的，早期汉地斋会与圆仁所见也不同，敦煌斋会与汉地斋会也有各自的独立性。但是，圆仁所见斋会与敦煌斋会中均明确记载了行

① （宋）赵彦卫撰，傅根清点校：《云麓漫钞》，中华书局1996年版，第524页。
② （宋）王溥撰：《唐会要》，上海古籍出版社2012年版，第526页。
③ （宋）王溥撰：《唐会要》，上海古籍出版社2012年版，第524页。
④ 参见湛如：《敦煌佛教律仪制度研究》，中华书局2011年版，第318—319页。
⑤ 参见湛如：《敦煌佛教律仪制度研究》，中华书局2011年版，第318—319页。

香的仪式。

圆仁在《入唐求法巡礼行记》记载了开元寺国忌日基本流程：①

1. 早朝，寺众僧集于寺中，列坐东北西厢里。

2. 相公、将军、州府诸司至讲堂。

3. 相公、将军等分列入，会于堂中门，就座，礼佛。

4. 东西两门列数十位僧，擎莲花等，一僧打磬，敬礼常住三宝。

5. 将军取香器，州府取香盖，东西各行。

6. 相公东去，同声颂如来妙色身等二行颂，行香毕，返其途。

7. 将军向西行香，同东仪式。

8. 相公将军共坐本座，擎香行时，香炉双坐。

9. 一僧读咒愿毕，唱礼师颂天龙八部等颂。

10. 敬礼常住三宝，相公等共礼佛，三四遍唱了。

11. 相公将军等至堂后大殿吃饭。僧廊下吃饭。

上述国忌日，寺庙的开支由相公等人负责，国忌行香所用物资多是官方提供，"诸寺行香设斋当寺。李德裕宰相及敕使行香，是大唐玄宗皇帝忌日，总用官物设斋，当寺内道场三教

---

① ［日］圆仁：《入唐求法巡礼行记》，广西师范大学出版社 2007 年版，第22—23 页。

谈论"①。

国忌行香中一般是参与者共同茹素，多是纲维要陪着斋主
或官府人员进膳，一般不设歌舞。

> 今年庆阳节，宜准例，中书、门下等，并于慈恩寺设
> 斋，行香后，以素食合宴，仍别赐钱三百贯文，委度支给
> 付。令京兆府量事陈设，不用追集坊市歌舞。②

《唐会要》记载："五年四月，中书门下奏请以六月一日为
庆阳节，休假三日，著于令式。某天下州府，每年常设降诞节
斋，行香后，便令为素食宴乐，惟许饮酒及用脯酿等。京城内，
宰臣与百官就诣大寺，共设僧一千人斋，仍望田里借教坊乐官，
充行香庆赞。"③根据对行香仪轨的追述和分析，我们大体可推
测出国忌行香必备的基本流程：清洁，斋主和宰臣跪炉焚香，
百官等人立班僧人行香，僧人唱赞斋文，应斋和宴乐（少数）。
除了主持和负责行香具体流程的僧人外，文武百官也是重要的
参与者。

唐代很多大寺都承担着国忌行香的重要责任，大荐福寺就
是其中之一，《入唐求法巡礼行记》记载：

---

① ［日］圆仁：《入唐求法巡礼行记》，广西师范大学出版社 2007 年版，第
117 页。

② （宋）王溥撰：《唐会要》，上海古籍出版社 2012 年版，第 637 页。

③ （宋）王溥撰：《唐会要》，上海古籍出版社 2012 年版，第 637 页。

四日国忌。奉为先皇帝，于荐福寺令行香，请一千僧。①

此外，大兴善寺、慈恩寺、崇庆寺也都举行过国忌行香。《新唐书·赵隐传》记载懿宗曾在慈恩寺举行过行香。《全唐诗》记载，温宪曾题诗崇庆寺，后荥阳公因国忌行香之际见此诗悯然，并力荐他。另外，唐代除了国忌行香外，还有僧忌日、佛教节日行香、迎佛骨行香斋会等各种类型的行香。

通过上述举隅国忌行香的流程，我们大体可以确定"国忌行香是国家级的带有鲜明国事政教性质兼有佛事特点的活动"②。国忌行香的费用来自皇室和贵族，文武官员都是具体的参与者，其目的也是表达对列祖的追念和赞颂。虽然国忌行香的缘起与佛教关系密切，但国忌行香已然是一种全国性的礼拜活动，并发展成为唐代政治生活的重要组成部分。大荐福寺等重要的大型寺院是国忌行香的具体承担者和执行者，客观上担负着唐代国家这一具有象征意义的政治活动。

（二）祈雨

古代中国以农业为核心，在重要祭祀与礼仪活动中祈雨

---

① ［日］圆仁：《入唐求法巡礼行记》，广西师范大学出版社 2007 年版，第118 页。

② 梁子：《唐人国忌行香述略》，《佛学研究》2005 年，第 202 页。该文对国忌行香的具体流程有翔实的介绍，本文不再赘述。

受到历代统治者的高度关注，往往与王朝政治活动不可分割。祈雨与中国古代农业社会的命运走向密切相关，其内容也被不断充实，形成了一种内涵丰富、形式多样的祈雨文化。古代官方祈雨的最早记载是殷商时代的甲骨卜辞。中国古代祈雨又可分为三级：地方官吏主持的祈雨、中央有司组织和主持的祈雨以及皇帝祈雨。皇帝祈雨一般是京城发生了非常严重的旱灾，多是面对名山大川、宗庙社稷郊坛举行。汉代以后，随着佛教的传入和影响的扩展，佛教寺庙等也是皇帝祈雨的重要场地。

祈求上天赐雨是古人的一种朴素活动，其方式也繁复多样。在唐代，官方组织寺院祈雨就是其中一种。一般，僧尼道士于每年正月、七月转经行道是祈雨的常祀。祈雨的具体形式可分为诵经祈雨，主要念诵《大孔雀咒王经》《大方等大云经》《六度集经》等佛经；结坛持咒祈雨，主要是密宗采用此方法，密宗大德不空、善无畏等均举行过结坛祈雨；灵迹处祈雨，一般综合采用祭祀祈祷、诵读佛典、设坛结咒等形式。①

佛教祈雨多借助龙的威力，龙在其中扮演了重要角色。根据印度古代典籍的记载，"印度龙"出现时间晚于"中国龙"，印度龙并没有"王"或者"龙王"的含义，其形态与蛇近似，但并不是蛇。②《摩奴法典》中提出"龙王"与"蛇神"，可见

① 杜斗城、李艳：《唐代佛教与祈雨》，《社会科学战线》2010 年第 11 期，第 248—250 页。

② 相关论述参见湛如：《印度古代与佛教中龙的传说、形象与描述》，《文学与文化》2013 年第 1 期，第 14—18 页。

二者有明确区别。中国龙是皇帝的象征，代表着高高在上的至尊地位。祈龙求雨与佛教密切相关。唐代佛教翻译了多部与祈雨有关的佛经。作为国家祭祀，祈龙求雨兴起于唐代。大兴善寺的善无畏就擅长祈雨、祈雪。

《宋高僧传》卷二："又属暑天亢旱，帝遣中官高力士疾召畏祈雨。畏曰：今旱数当然也，若苦召龙致雨，必暴，适足所损，不可为也。帝强之曰：人苦暑病矣，虽风雷亦足快意。辞不获已，有司为陈请雨具，幡幢螺钹备焉。畏笑曰：斯不足以致雨。急撤之。乃盛一钵水，以小刀搅之，梵言数百咒之。须臾有物如龙，其大如指，赤色矫首，瞰水面，复潜于钵底。畏且搅且咒，顷之，有白气自钵而兴，径上数尺，稍稍引去。畏谓力士曰：亟去，雨至矣。力士驰去，回顾见白气疾旋，自讲堂而西。"①这段记载了善无畏念诵经咒，引龙来祈雨。其他关于趋龙降雨的记载还有一行禅师。《宋高僧传》卷五："又开元中尝旱甚，帝令祈雨，曰：'当得一器上有龙状者，方可致雨。'敕令中官同于内库中遍视之，皆言弗类。数日后指一古鉴，鼻盘龙，喜曰：'此真龙也。'乃将入坛场，一日而雨。其异术通感弗类。"②

唐中宗时，一年京畿地区数月未下雨，旱情非常严重，中宗就命大荐福寺僧伽祈雨，求雨成功，不久天降大雨。大荐福寺的法藏法师求雨也颇有成效。《神僧传》卷七记载：

---

① （宋）赞宁撰，范祥雍点校：《宋高僧传》卷二，中华书局1987年版，第21页。

② （宋）赞宁撰，范祥雍点校：《宋高僧传》卷五，中华书局1987年版，第93页。

景龙二年，中宗遣使迎师入内道场，尊为国师，寻出居荐福寺，尝独处一室。……一日中宗于内殿，语师曰：京邑无雨已是数月，愿师慈悲解朕忧迫。师将瓶水泛洒，俄顷阴云骤起甘雨大降。①

法藏集百位法师于大荐福寺祈雨解旱，七日后，感应道交，大雨滂沱。中宗深受感动，发心受持菩萨戒。对此，《法藏和尚传》也做了详细的描写："景龙二年，中夏悯雨，命藏集百法师于荐福寺，以法祷之。近七朝，遽致滂沱。过十夜，皆言浃洽。状告，诏批曰：'法王乖范，调御流慈，敷百座以祈恩，未一旬而获应。师等精诚讲说，当致疲劳……'。敕曰：'三宝熏修，一旬流液。慈云演荫，法雨含滋。师等精诚，遽蒙昭感。'"②因此次祈雨非常灵验，中宗给予的赏赐也异常丰厚：

中宗大喜，诏赐所修寺额以临淮寺为名。师请以普照王寺为名，盖欲依金像上字也。中宗以照字是天后庙讳，乃改为普光王寺，仍御笔亲书其额以赐焉。③

这段僧伽大师的祈雨事迹也见于《太平广记》。《太平广记》以传奇的手法加以叙述，如描摹大师顶有一穴，白天常以棉絮

---

① 《神僧传》卷七，《大正藏》第 50 册，第 992 页中栏。

② ［新罗］崔致远撰：《唐大荐福寺故寺主翻经大德法藏和尚传》，《大正藏》第 50 册，第 284 页上栏。

③ 《神僧传》卷七，《大正藏》第 50 册，第 992 页中栏。

塞之，晚上则取掉，穴中冒出的烟气味芳馥。祈雨的经历非常
具有传奇色彩，大师将瓶水洒出，片刻工夫即阴云密布，大雨
骤起。① 因为法藏大师祈雨灵验，中宗、睿宗皆请为菩萨戒师。

　　曾驻锡过大荐福寺的不空也擅长祈雨，移居净影寺后奉诏
令祈雨。不空因祈雨多有灵验而深得帝王倚重。除了大荐福寺，
西明寺也举办过祈雨活动：

　　　　法师无畏者……开元四年至长安，……馆之西明寺，
　　称为教主，秋旱诏祷雨。②

　　密教高僧参与祈雨活动和翻译的祈雨经典也促进了国家在
祈雨活动中采用佛教仪轨。菩提流志也曾在崇福寺做过祈雨活
动："五月大旱，敕菩提流志于崇福寺戒坛祈雨。"③

　　通过对唐代寺院祈雨活动的追述，我们看到祈雨是唐代政
治生活的重要组成部分，因其特殊的意义而受到官方高度重视。
所以在重要的大寺、内道场等不断举行规模宏大的祈雨活动。
高僧名僧是祈雨活动的具体执行者，祈雨也是获得皇家和上层
士大夫供奉信仰弘扬佛法的重要手段之一。寺院和僧人的祈雨
既为寺院增添了荣光和政治上的支持、庇护，也为执政者带来
了统治上的益处。

---

① （宋）李昉等编：《太平广记》卷九十六，中华书局 1961 年版，第 638 页。
② （宋）志磐撰：《佛祖统纪》卷二十九，《大正藏》第 49 册，第 296 页上栏。
③ （宋）志磐撰：《佛祖统纪》卷四十，《大正藏》第 49 册，第 372 页下栏。

（三）供养佛牙

佛陀灭迹后，佛弟子在事相上发展出对佛陀遗体、遗迹的崇拜；在意识上，主要是譬喻、本生、因缘的流出。[①] 在日渐兴盛的佛陀遗物的供养和崇拜中，佛牙舍利的信仰是最重要组成部分之一，影响极为广泛。据记载，佛牙舍利其一为帝释天请去，另一颗为海龙王请去，余二颗在人间，世上仅存两颗真身牙舍利。《杂阿含经》卷二十五记载了安置佛牙的情况："时，有释迦王、耶盘那王、钵罗婆王、兜沙罗王，众多眷属。如来顶骨、佛牙、佛钵安置东方。"[②]

唐代舍利按形状及部位可分为佛指、佛牙、顶骨和舍利子。流传至今的舍利中最著名的是佛指舍利和佛牙舍利。中国赴印度求法的很多僧人也见过佛舍利，并记载了各国供养佛舍利的情况。智猛是雍州京兆新丰人，少年出家，专心修行，对于天竺国的释迦遗迹驰心向往。《高僧传》卷三记载他见到佛牙时情形："复西南行千三百里至迦维罗卫国。见佛发佛牙及肉髻骨，佛影迹炳然具存。"[③] 玄奘的《大唐西域记》有七八处记载到佛牙，如记载放置佛牙的宝函及佛牙的奇异景况："精舍宝函中有佛牙，长余寸半，殊光异色，朝变夕改。远近相趋，士

---

① 印顺：《印度佛教史》，中华书局 2009 年版，第 44 页。

② （南朝宋）求那跋陀罗译：《杂阿含经》卷二十五，《大正藏》第 2 册，第 177 页下栏。

③ （南朝梁）慧皎撰：《高僧传》卷三，《大正藏》第 50 册，第 343 页中栏。

庶咸集，式修瞻仰，日百千众。"①《大唐西域记》卷十一记载了王宫侧面即放置佛牙舍利，僧伽罗国"王宫侧有佛牙精舍，高数百尺，莹以珠珍，饰之奇宝。精舍上建表柱，置钵悬摩罗加大宝，宝光赫奕，联晖照曜，昼夜远望，烂若明星。王以佛牙日三灌洗，香水香末，或濯或焚，务极珍奇，式修供养"②。可见，佛牙供养非常兴盛，是一件举国关注的大事。佛牙随同佛教的东传一起进入中国，产生了深远的影响。佛牙舍利在唐武宗以前主要由皇室崇奉供养，此后逐渐演变为对公卿士大夫及高僧、信众开放的供养形式。中国在北魏、北齐、梁陈、唐代、五代甚至明朝都有佛牙的相关记载。《续高僧传》卷四记载："冬处山中用遮寒厉，故有两牙王都。城外西南寺中有佛澡罐可容斗许，及佛扫帚并以佛牙，守护庄严殆难赡睹，奘为国使躬事顶戴。"③

唐代长安，供养佛牙是寺庙非常重要的活动，多是各个寺庙轮流供养。大荐福寺的佛牙供养最为有名。每年的三月八日至十五日，大荐福寺开始供养佛牙，圆仁曾亲眼见过盛况④：

---

① （唐）玄奘、辩机著，季羡林等校注：《大唐西域记校注》，中华书局1985年版，第444页。

② （唐）玄奘、辩机著，季羡林等校注：《大唐西域记校注》，中华书局1985年版，第880页。

③ （唐）道宣撰，郭绍林点校：《续高僧传》，中华书局2014年版，第99页。

④ ［日］圆仁：《入唐求法巡礼行记》，广西师范大学出版社2007年版，第125—126页。

二日，共义圆供主等及寺中数僧开金阁，礼大圣文殊菩萨骑青毛师子圣像。金色颜貌，端严不可比喻。又见灵仙圣人手皮佛像及金铜塔。又见辟支佛牙。①

根据圆仁的记载，最迟会昌初年大荐福寺就出现了佛牙供养：

二月八日，金刚界曼荼罗帧画了。又令章敬寺镜霜于诸寺传阿弥陀净土念佛教。廿三日起首至廿五日，于此资圣寺传念佛教。又巡诸寺，每寺三日，每月巡轮不绝。又大庄严寺开释迦牟尼佛牙供养。从三月八日至十五日，荐福寺开佛牙供养。②

八日，荐福寺开佛牙供养，诣寺随喜供养。街西兴福寺开佛牙会。巡院转帖兴善、青龙、资圣等三寺。③

十一日，诣兴福寺礼佛牙，一宿。④

---

① ［日］圆仁:《入唐求法巡礼行记》，广西师范大学出版社 2007 年版，第 101 页。

② ［日］圆仁:《入唐求法巡礼行记》，广西师范大学出版社 2007 年版，第 119 页。

③ ［日］圆仁:《入唐求法巡礼行记》，广西师范大学出版社 2007 年版，第 125 页。

④ ［日］圆仁:《入唐求法巡礼行记》，广西师范大学出版社 2007 年版，第 125 页。

佛牙供养，每个寺庙都设有珍供、百花、各种香料，供养楼廊下敷设不可胜计。佛牙被供养在楼中庭，大德们在楼上可表随喜赞叹。

后论

"唐代是一个佛教高度发展的时代，中古佛教总是要和王权结合在一起。"[①] 佛教建立后与政治一直保存着各种联系。统治阶层经常视佛教为护法，护国思想绵延在佛教漫长的历史发展中。唐代的国忌行香、祈雨、供养佛牙等寺院活动一直发挥着为国家祝祈、求福，希望政权平稳的作用。这些活动客观上为大荐福寺、西明寺、慈恩寺等寺院带来了影响力和经济收入。佛教的国忌行香、祈雨促进了佛教被统治者和官方接受，有利于佛教的传播。佛教传入中国后，慧远法师等充分认识到佛教的发展需要依赖统治阶层。唐代佛教除宗教活动外，在政治领域也扮演了不同的角色。大荐福寺等大寺不仅是宗教场所，更不可避免地承担一些政治活动。曾驻锡过大荐福寺的义净、法藏、栖白、菩提流志等法师基本上扮演着护国法师的作用，虽自身并未卷入政治斗争中，但也与政治保持着亲近关系。如大荐福寺僧栖白与当时的文化领袖往来密切，其交往的士大夫多是高门权贵。

---

① 孙英刚：《长安与荆州之间：唐中宗与佛教》，荣新江主编《唐代宗教信仰与社会》，上海辞书出版社 2003 年版，第 144 页。

第二节　高僧与皇权政治
——以荐福寺等大寺为研究核心

佛教的发展传播离不开统治阶层的扶持。印度佛教也因阿育王等最高统治者的大力弘传而流播域外。由汉至唐，中国佛教发展变化大致表现为：汉魏之际的传入和萌芽，两晋十六国时期逐渐确立，东晋南北朝时期发展壮大，隋至唐繁盛且辐射到周围地区。佛教与世俗政权的关系相互依存，佛教传入中国之时便开始了中国化、世俗化的过程。僧众与皇权政治的交往是中国佛教历史发展进程的产物。佛教的弘传与皇室政权的庇护息息相关，与政治有着千丝万缕的联系。佛教经常被统治阶层视为护法，佛教护国思想一直绵延在佛教历史中。统治者也被佛教徒称誉为"转轮王"或者"法王"。①

中国僧尼参政经过两汉魏晋的滥觞期，南北朝时期臻于全盛。汉魏西晋时期，佛教被视为外教法术，尚处于立足和被接受阶段，僧侣没有能力参与政治活动，更不要说发挥自身的影响力，因此来自皇权的恩典不多。东晋道安法师充分认识到佛

---

① 具体关于"转轮王"或者"法王"的论述，请参见古正美：《从天王传统到佛王传统：中国中世佛教治国意识形态研究》，台北商周出版社 2003 版，第 33—104 页。

教的长久发展与统治阶层存在不可剥离的关系，因此提出"不
依国主法事难立"。佛教僧侣在东晋以后逐渐开始参加到政治
活动中，并形成一股强大的社会力量。高僧日渐受到统治者重
视，僧侣与皇权政治开始发生密切联系。东晋十六国时期，高
僧佛图澄深受后赵推崇，被尊奉为"大和尚"。高僧求那跋陀
罗受到宋文帝崇敬，被延请到京都后琅琊颜延之束带造访，彭
城王义康、谯王义宣以老师之礼相待，"京师远近，冠盖相
望"①。他直言自己对谯王意图政变的忧虑。宋武帝时求那跋陀
罗依然备受礼遇和信赖，"敕近御而坐，举朝瞩目"②。佛图澄弟
子道安屡屡对符坚提出自己的政治见解。此时高僧虽然受到统
治者敬服，但依然秉持着方外之宾栖心事外、"不预戎事"的
姿态，政权对其宗教生活的影响也不大。南北朝时僧人参予政
治的行为比东晋十六国时期多，僧人和世俗政权之间的矛盾也
开始凸显，因此产生了管理僧众的僧官制度。

　　佛教在隋唐之际之所以兴盛，其根本原因是与皇权政治关
系紧密、互相促进。隋唐统治阶层因各种原因多对佛教采取优
容的态度，僧众也与世俗政权发生着诸多关联。唐代整个社会
氛围也弥漫着浓厚的宗教气息。唐代佛教除宗教活动外，在政
治领域也扮演了不同角色。虽然建朝伊始，唐朝统治者以老子
后人自居，但亦重视佛教的作用。唐代皇权对佛教的信仰表现

---

① 张星烺编注：《中西交通史料汇编》，中华书局 2003 年版，第 1964 页。

② （南朝梁）僧祐撰，苏晋仁、萧炼子点校：《出三藏记集》，中华书局 1995
年版，第 548、550 页。

在很多方面，如敕予寺院高僧译经场所，为寺院提供优渥的物质供养和布施，邀请高僧祈雨祈雪或为军事战争祈福，用佛教护国思想保护国运等。同时对高僧大德给予很高礼遇，如赐紫衣、赐师号、赐官爵、授官阶等，甚至在高僧圆寂时举行国葬。《慈恩传》记载玄奘法师随高宗幸东都时改葬父母，道俗赴者万余人。有些寺院高僧与世俗政权或联系紧密，或保持着一定的距离。唐代官方和统治阶层通过直接参与邀请名僧讲经、译经、敕建寺院或舍宅为寺等手段，赢得了佛教高僧对朝廷的信赖。官方常常组织大规模的佛事活动和讲经讲法，正所谓"天子揖妙道，群僚居下风"①。唐代长安的西明寺、慈恩寺、大荐福寺、兴善寺等不仅平时供给来自国家，而且还被赐给田庄、地产和寺奴等。高宗时曾赐西明寺"田园百顷，净人百房，车五十辆"②。"国家大寺，如长安西明、慈恩等寺，除'口分'地外，别有敕赐田庄，所有供给，并是国家供养。"③ 西明寺僧僧惠晓"为朕修功德。在寺依恒，二时粥饭及出入往来畜乘一切供给，勿令阙少"④。唐代其他大寺或者僧人也会因各种贡献而获得额外奖赏。此外，贵族、朝臣和信众也对寺院进行大量施舍。僧众也积极参与到为统治阶层服务的宗教活动中，佛教与世俗皇权更紧密地结合在一起。在唐代社会的宗教氛围里，佛

---

① （清）彭定求等编：《全唐诗》，中州古籍出版社 2008 年版，第 609 页。

② （清）董诰等编：《全唐文》卷二百五十七，中华书局 1983 年版，第 2597 页。

③ （唐）道世撰：《法苑珠林》卷六十二，《大正藏》第 53 册，第 750 页中栏。

④ （唐）道世撰：《法苑珠林》卷七十七，《大正藏》第 52 册，第 858 页中栏。

教语汇、思想观念、宗教仪轨已成为大众所熟稔的行为底色和
文化修养。

唐代僧人与皇权政治交往的研究成果颇多。综合性探讨佛
教与政治关系的《隋唐佛教史稿》，是探讨隋唐佛教的经典。
汤用彤先生在《隋唐佛教史稿》中论述了隋唐时期佛教发展变
化的原因和隋唐主要帝王、士大夫采取佛教崇信或贬抑策略对
佛教发展带来的影响。① 方立天的《佛教与中国政治》探讨了
佛教与历代政治的关系，佛教在发展中与儒家思想的调和等，
强调了佛教与政治矛盾统一的关系。② 谢重光《魏晋隋唐佛教
特权的盛衰》一文提出，僧侣享有不纳赋服役、不受俗法治理
及不拜君亲等特权，这些佛教特权的确立起初只是少数外国
僧侣在局部地区传教中出现，佛教特权的正式确立当在东晋、
十六国时期。唐中叶推行两税法后，规定寺院和僧尼私人均须
按资产纳税服杂役，教团长期享有的经济特权就被大大削弱。③
苏金花的专文回顾了汉魏到隋唐僧侣逐渐参与到世俗政权的历
史过程，隋唐时期僧人享受世俗政权的高爵厚禄、社会地位与
荣宠。④ 威斯坦因的《唐代佛教》着重探讨了唐代朝廷的变化

---

① 参见"隋唐佛教势力之消长"一章，汤用彤：《隋唐佛教史稿》，武汉大学
出版社 2008 年版，第 1—50 页。

② 方立天：《佛教与中国政治》，《社会科学战线》1987 年第 2 期，第 113—
122 页。

③ 谢重光：《魏晋隋唐佛教特权的盛衰》，《历史研究》1987 年第 6 期，第
47—60 页。

④ 苏金花：《从"方外之宾"到"释吏"——略论汉唐五代僧侣政治地位之
变化》，《敦煌学辑刊》1998 年第 2 期，第 112—120 页。

与佛教兴衰隆替的密切关系。①

　　武则天极大推动了唐代佛教发展，她与唐代长安大荐福寺、慈恩寺等大寺和洛阳大遍空寺有着紧密的联系。陈寅恪的《武曌与佛教》是研究武则天与佛教的奠基篇，阐述了武则天崇佛的历史必然性。② 焦荣的《论武则天与佛教》探讨了佛教在武则天时期勃兴有武则天家庭宗教信仰、政治需要等多种因素，武则天革唐为周，采取了抬高佛教地位、促进佛学发展的政策。佛教为武则天的统治提供了巨大支持。③ 崔正森、贾发义等也论述了武则天对佛教发展的推动及其净土宗信仰等。④ 此外，从僧众的视角探讨与皇权政治关系的有庞健《隋唐时期僧尼参政初探》，该文考察了唐代僧尼参与世俗政权的产生、鼎盛与衰落的过程。⑤ 鲁统彦的《隋唐时期僧尼角色研究》从僧尼的世俗化和伦理化两方面论述了僧尼对出家观念的超越，其中世俗化体现在僧尼涉足官场、参与军事、贪图世俗名利等方面。⑥ 董立功从皇权给予僧人特别褒奖的赐紫角度，通过统计唐代僧

---

① ［美］斯坦利·威斯坦因著，张煜译：《唐代佛教》，上海古籍出版社 2010 年版。

② 陈寅恪：《金明馆丛稿二编》，生活·读书·新知三联书店 2001 年版，第 166 页。

③ 焦荣：《论武则天与佛教》，湘潭大学 2012 硕士学位论文。

④ 参见崔正森：《武则天与佛教》，《五台山研究》2012 年第 3 期，第 29—40 页；贾发义：《武则天与佛教净土信仰》，《首都师范大学学报（社会科学版）》2007 年第 6 期，第 17—21 页。

⑤ 庞健：《隋唐时期僧尼参政初探》，山东师范大学 2016 硕士学位论文。

⑥ 鲁统彦：《隋唐时期僧尼角色研究》，首都师范大学 2005 年博士学位论文。

人获赐紫衣的情况，分析了高僧与唐代世俗皇权的关系，提出赐紫是皇权对佛教和其他宗教的管理模式。[①] 王秀林通过一首诗歌，考察了"紫衣僧"的产生和唐代僧人赐紫从被追捧到被鄙视、厌恶的发展变化。[②] 经过上述佛教与政治的关系回顾和梳理后，本人主要关注唐代长安大荐福寺的驻锡僧侣与统治者之间的互动。

（一）义净

义净与唐代皇权政治有关的事件主要包括回国时机、解读玉册和译经活动。义净在垂拱二年（686）回国，于次年二月搭乘商船到末罗瑜（今马六甲海峡沿岸），后到室利佛逝国（今苏门答腊东部）。其间，义净曾在永昌元年（689）回国，后又返回佛逝。最终，义净于天授二年（691）正式回国。对于义净回国时间的选择，学者们已做了较多讨论，倾向于认为义净是希望模仿玄奘法师给朝廷充分的时间迎接自己。[③] 也有学者认为，义净是等待时局稳定，待武后登基后再回国。义净为武则天解读玉册，助其登基也是其参与政治的表现。

---

① 董立功：《唐代僧人获赐紫衣考》，《世界宗教研究》2013 年第 6 期，第 45—54 页。

② 王秀林、张君梅：《"爱僧不爱紫衣僧"小考》，《人文杂志》2002 年第 6 期，第 108—111 页。

③ 王邦维：《南海寄归内法传校注义净与〈南海寄归内法传〉》，中华书局 1995 年版，第 1 页。

右《唐圣教序》碑侧，云："则天尝得玉册，上有铭十二字，朝野不能识，义净能读其文，曰'天册神皇万岁忠辅圣母长安'。证圣元年五月上之，诏书褒答。"①

义净能为武则天解读玉册的重要原因是其为方外高僧且具有美誉。玉册在被义净解读后，武则天登基。僧传中也明确记载义净曾被敕伴随武则天奔赴东都洛阳弘法。

武则天对义净非常尊重和崇敬。义净在回国译经之初并未独立担任译主，而是在实叉难陀译场助其翻译《华严经》，后陆续在洛阳福先寺和长安西明寺译场担任。义净还在东都内道场翻译《孔雀王经》，又在大福先寺翻译《胜光天子经》等。后，义净"随驾归雍京，置翻经院于大荐福寺"译经。大荐福寺为高宗旧宅，武则天亲自为其题名，是当时长安最知名的佛学研究中心和佛典翻译中心。无论内道场还是东都大福先寺、长安西明寺、大荐福寺译场都是高宗、武则天时期最核心的译场。义净受委任在这些译场译经，除了其自身极高的佛学修养外，也和其与统治者关系良好，统治阶层对其尊崇有加有关。义净终其一生始终都与政治保持着刻意的疏离状态，将主要精力倾注于译经与弘法事业，因此一直以学养深厚的高僧形象受到统治者尊重和支持。义净除了受到武则天的礼遇，其译经道场在中宗朝同样得到大力支持。

---

① （宋）赵明诚著，刘晓东、崔燕南点校：《金石录》卷二十五，齐鲁书社2009年版，第211页。

（二）法藏与武则天

武则天时期，佛教与政治的关系尤为密切。法藏与三次皇权变化都有着紧密关联。法藏先后支持武则天、唐中宗和唐睿宗。武则天因家庭缘故，幼年即对佛教亲近崇信，佛教信仰坚实。武则天在麟德元年（664）掌握天下大权，弘道元年（683）武后临朝称制，天授元年（690）改国号为周。武则天出于政治考量，充分利用了《大云经》《宝雨经》中女性可以为转轮王等思想。她还为佛典撰写序言，推动大荐福寺、大遍空寺、明堂的建设，通过僧人赐紫等方式推动佛教发展。她也利用佛教中的预言、授记促使武周政权合法化，将佛教的弥勒信仰、转轮圣王等思想用于提升其政权合法性。武则天与佛教高僧大德保持着密切的交往，通过译经、讲经说法等活动赋予其统治的神圣性，并试图在更高层次上建立佛王信仰传统，为自己的统治奠定足以与儒家价值体系抗衡的信仰与学理依据。[①]

　　圣历二年十月八日译毕，佛授记寺诸大德请师开演，钦令十五日启讲，至腊月十二晚讲华藏世界海震动之文，讲堂及寺宇忽然震吼，道俗数千，叹未曾有。难陀三藏并当寺龙象具表奏闻。十九日御批下云：因数演微言，弘扬

---

　　① 武则天用来建立佛教意识形态的主要经论有《大云经》及其《疏》、《华严经》、《宝雨经》；此外，还有一部伪经《普贤菩萨说证明经》。相关论述参见古正美：《从天王传统到佛王传统：中国中世佛教治国意识形态研究》，商周出版社2003年版，第223—424页。

秘绩。初译之日，梦甘露以呈祥；开讲之辰，感地动而标异，斯乃如来降迹，用符九会文耳不岂联庸虚，敢当瑞应。①

武则天亲自派人到于阗取《华严经》梵本来促进佛典的翻译：

> 天后明扬佛日，崇重大乘，以华严旧经处会未备，远闻于阗有斯梵本，发使求访，并请译人。又与经夹同臻帝阙，以证圣元年乙未于东都大内大遍空寺翻译。天后亲临法座，焕发序文，自运仙毫，首题名品。②

因为武则天的重视，实叉难陀（652-710）携带梵本来到洛阳。武则天亲自为译成的《华严经》作序并题品名。华严宗的实际开创者为法藏，他多次为武则天讲述《华严经》，并通过譬喻等方法使武则天领会到华严经的奥妙之处：

> 藏为则天讲新华严经，至天帝网十重玄门、海印三昧门、六相合和义门、普眼境界门，此诸义章皆是华严总别义网，帝于此茫然未决。藏乃指镇殿金师子为喻，因撰义门，径捷义解，号金师子章，列十门总别之相，帝遂开悟其旨。③

---

① ［新罗］元晓撰：《起信论疏记会阅卷首》，《大正藏》第 45 册，第 536 页下栏。

② （宋）赞宁撰，范祥雍点校：《宋高僧传》，中华书局 1987 年版，第 31 页。

③ （宋）赞宁撰，范祥雍点校：《宋高僧传》，中华书局 1987 年版，第 89 页。

法藏在武则天为母亲求福的家庙（太原寺）出家为僧，其贤首国师名号也是武则天取自《华严经》贤首菩萨。武则天执政时期，法藏担任了护国法师的角色，在一些重要政治事件中产生影响，并因此受到皇权的尊崇，在有唐一代具有极高的声望。武则天也扩大了《华严经》的影响力，她曾多次举办华严大型讲经法会：

> 帝于圣历二年己亥十月八日，诏藏于佛授记寺讲大经。[①]

可以说，武则天大力扶持法藏创立华严宗，从法藏出家到经典翻译、华严教义阐释她都参与其中。正因为法藏受到统治者的高度关注，其所翻译的《华严经》为时所重，天下流行。武则天曾使用弥勒转世、佛王等佛教思想来巩固自己的统治。除了《大云经》《宝雨经》外，《华严经》也是其理论基础。学者古正美提出有两套佛王信仰体系，一是以《华严经》《大云经》为代表的弥勒佛王系统；一是以《宝雨经》为代表的密教不空索观音佛系统。武则天建立的佛教意识形态下的僧人代表性有玄奘、法藏、菩提流志等。[②]

佛教传入中国之后，舍利崇拜也随着东来西去高僧的推崇以及佛教经典流传在中国扩展开来。学界认为舍利崇拜在

---

① （宋）赞宁撰，范祥雍点校：《宋高僧传》，中华书局 1987 年版，第 90 页。
② 古正美：《从天王传统到佛王传统：中国中世佛教治国意识形态研究》，商周出版 2003 版，第 264—267 页。

东晋盛行，很可能受到法显东归后撰写《佛国记》的影响。唐代社会，佛教信仰已融入大众日常起居生活之中。佛教舍利信仰在唐代颇为兴盛，有"古来三十年一度开，开必感应"①之说。有唐一代总计六次迎奉舍利至长安、洛阳供养。唐代武则天时期举行了第二次迎舍利。法门寺所藏碑石中载到："万乘焚香，千官拜庆"②，其声势浩大之极。法藏参与负责了武则天奉迎法门寺佛骨舍利的活动。长安四年（704），身为大周皇帝的武曌特命法藏前往法门寺迎佛指舍利。在法门寺地宫迎佛骨时，法藏负责主持法会、开启地宫、为武则天亲自捧持舍利等重要事项。法藏的供奉物也置于地宫，可见其身份之非一般。③迎佛骨之翌年（705），发生宫廷政变。佛骨仍留洛阳明堂供养。景龙二年（708），唐中宗李显送佛指舍利回归法门寺。法藏还参加了修建大荐福寺的小雁塔。

除了武则天，法藏也与中宗和玄宗的统治发生联系。"神龙初，张柬之叛逆，藏乃内弘法力，外赞皇猷。妖孽既歼，策勋斯及，赏以三品，固辞固授，遂请回与弟俾谐荣养"，这次政变活动法藏有所参与。中宗对法藏赞赏有加，对其贡献给予充分肯定，称其"凶徒叛逆预识机兆，诚恳自衷每有陈奏，奸

---

① （唐）张彧：《圣朝无忧王寺大圣真身宝塔碑铭》，《全唐文》卷五百六十，（清）董诰等编，中华书局1983年版，第5246页。

② 王乐庆：《法藏学行及其佛事活动考析》，《五台山研究》2015年第2期，第29页。

③ （唐）法藏著，方立天校释：《华严金师子章校释》，中华书局1983年版，第181页。

回既殄，功效居多"，对法藏"宜加荣禄，用申朝奖"①。武则天
对推动华严宗起到了重要作用。受戒之后，中宗尊法藏为"菩
萨戒师"，赐法藏别号"国一"。

玄宗为太子时，法藏就与其交好。玄宗即位后对法藏给予
极大礼遇。清续法辑《法界宗五祖略记》记载，"和尚虽为五
帝门师（高、中、睿、玄、武后），王臣并皆礼事，然犹粪扫
其衣，禅悦其食，惟以戒忍自守，弘法利生为务"②。法藏历经
高宗、武则天、中宗、睿宗和玄宗五朝，可谓是帝王师。先天
元年（712），法藏在长安大荐福寺圆寂。法藏通过佛教协助武
则天、中宗等帝王树立了政治威望。客观上，法藏也利用朝廷
之力和个人的声名威望建立起影响深刻的华严宗派，推动了唐
代佛教宗派的发展。在武后、中宗、玄宗等帝王奖掖下，法藏
利用契机将华严宗发扬光大。

（三）赐紫诗僧栖白

武则天掌权后对僧人的管理进行了改革，将原本是朝廷三
品以上高官的紫衣赏赐给僧人，开创了向僧人赐紫衣袈裟的先
河。自此以后，朝廷向僧人赐紫渐渐成为一种风气，能否获赐
紫衣成为衡量僧人是否获得朝廷礼遇和身份高低的重要标准。

---

① （唐）法藏著，方立天校释：《华严金师子章校释》，中华书局1983年版，
第182页。

② （清）续法辑：《法界宗五祖略记》，《大正藏》第77册，第622页中栏。

唐中晚期至五代，除高僧大德外，很多僧人也凭着一技之长获赐"紫衣"。根据学者的相关统计，获赐"紫衣"的事由和名目繁多，如自身德行、医术高超、擅长书法、军功等多种原因。沙门道平就因军功卓越被封为大将军并赐紫，章敬寺僧人崇慧因与道人辩论获胜而被赐紫，各种原因不一而足。[①] 大荐福寺僧栖白则是因其诗歌才情获得赐紫。唐代是诗赋文化高度发展的时期，文词诗章为要事，具有诗歌才华的人备受尊崇。宣宗朝时就有大安国寺的修会凭借应制诗获得赐紫。

栖白在宣宗朝始为供奉，历三朝，即至僖宗时，其卒或即在僖宗朝。《全唐诗》（卷八百二十三）小传云："栖白，越中僧，前与姚合交，后与李洞、曹松相赠答。……诗一卷，今存十六首。"[②] 栖白与文坛诗人、文化领袖诗文唱和、交往密切。他与晚唐名士李洞、曹松交往深厚。栖白大师有诗歌高名。其应制诗很有名，因而经常被时常被召入内殿，因应制诗深得皇帝宠顾。曹松有《荐福寺赠应制白公》："还闻穿内去，随驾进新诗。"[③] 栖白以诗供奉曾历数朝。林宽的《哭栖白供奉》曾对此做以描摹："侍辇才难得，三朝有上人。琢诗方到骨，至死不离贫。"[④] 张蠙的《赠栖白大师》也赞扬了栖白大师的才情："偶

---

① 董立功：《唐代僧人获赐紫衣考》，《世界宗教研究》2013 年第 6 期，第 47 页。

② （清）彭定求等编：《全唐诗》，中州古籍出版社 2008 年版，第 4154 页。

③ （清）彭定求等编：《全唐诗》，中州古籍出版社 2008 年版，第 8226、8227 页。

④ （清）彭定求等编：《全唐诗》，中州古籍出版社 2008 年版，第 3143 页。

题皆有诏,闲论便成经。"①诗僧兼顾了僧人和文人的双重身份。
中唐之后,僧人获赐紫衣的现象较多,除栖白外中晚唐后也有
诗僧因诗情获得赐紫。

"武则天时期开赐紫、封号之风后,僧人已能够与中国地
位最高的'士'相提并论了。"②唐代诗僧在文人和僧人的角色
中转化。赐紫僧的诗歌作品中很多是应制诗,有着御用文人的
色彩。有些赐紫僧通过写作诗歌获得了声名和社会地位。他们
之中有些人被当时的文坛所接纳,成为其中重要成员。他们结
交权臣贵人和文人名士,学习儒家思想文化,参加了很多社会
活动。高僧赐紫代表了一种政治力量,他们与士人的交往也让
他们可以左右着政权发展并对士人应举和入仕产生影响。唐代
寺院具有较大的开放性,世俗弟子可以在此游览、留宿或者准
备应举。在某种程度上,高僧成为下层寒门子弟结交上层权贵
的中介,因而高僧也成为关注和攀附的对象。"士借僧以自梯"
的说法就是因此而产生。文人接近或者供奉诗僧,希望获得赏
识以求仕进。《唐音癸签》中称:"唐名缁大抵附青云士始有闻,
后或赐紫,参讲禁近,阶缘可凭,青云士亦复借以自梯。如陆
希声、韦昭度以激、辩两师登庸,尤其可骇异者。"③栖白身为
赐紫高僧,受到统治者的重视,举子们纷纷投其门下。齐己
的《寄栖白上人》中就描绘了举子向栖白行卷以至于不得不关

---

① (清)彭定求等编:《全唐诗》,中州古籍出版社 2008 年版,第 3623 页。
② 李婷:《唐代诗僧群体的世俗化研究》,厦门大学 2014 年硕士学位论文,
第 25 页。
③ (明)胡震亨:《唐音癸签》,上海古籍出版社 1981 年版,第 302—303 页。

门谢客的情形，"万国争名地，吾师独此闲。题诗招上相，看雪下南山。内殿承恩久，中条进表还。常因秋贡客，少得掩禅关"①。举子投入栖白门下的意图非常明显。以诗名获得赐紫的栖白也与唐代中晚期诗僧群体兴起有关。"诗僧"群体的兴盛是唐代文化开放潇洒、三教融合的必然产物。唐代诗僧除修习佛法外，很多都具有深厚的文学修养和儒学积淀。他们也因此擅做应制诗与朝臣贵胄、文坛名宿交游，并往往获得权贵赏识。

结语

大荐福寺高僧义净、法藏、栖白、菩提流志是唐代大寺高僧与皇权交往的一个缩影。他们广览群籍素养高深，以自己在佛学、译经、诗歌方面的深厚造诣赢得了统治者敬意。在唐代的政治活动中，他们没有表现出政治野心，始终保持着适度参与政治活动的态度。义净在他人生后半期主要投身于佛典翻译和佛学阐扬，较少现身于政治活动。义净视弘法译经为使命，一直为王朝统治者所尊重。因而，在不同的统治者那里他们都受到礼遇。大荐福寺三位高僧在与皇权交往中基本上扮演着护国法师角色，自身并未深刻卷入政治斗争中。他们即使与政治有一定联系，也是若即若离的状态，始终秉承着弘法的志向。

唐代高僧参政客观上推动了佛教发展，对其所主导宗派思想传扬、宗派建立、僧团扩大、寺院经济有积极的推动作用。

① （清）彭定求等编：《全唐诗》，中州古籍出版社 2008 年版，第 4258 页。

唐代其他高僧如善无畏、金刚智、不空参与玄宗朝政治，推动了密宗发展。禅宗的迅速发展传播与神秀、神会等人参政也有着千丝万缕的联系。高僧所主导的大寺也往往受到统治者的礼遇而得到护持和发展。佛教高僧大德在意识形态领域中帮助唐代统治者建立了统治信仰，如法藏所倡导的华严宗思想为武则天所汲取。统治者注意采用佛教思想，为自己的政权建立和统治提供神学依据。在王朝建立过程中，僧尼确有通过引导舆论方向宣扬统治者的君权神授性。

第三章

诗画世界
——大荐福寺的文学与艺术活动

　　法国学者谢和耐在评价中国佛教鼎盛时期时说："佛教在隋唐时代，是中国文化圈中的社会文明和政治制度所不可分割的组成部分。那里的寺院同时是世俗和宗教的中心、中国文化和佛教文化的中心。"[①] 唐代长安城内佛寺占地面积较大，与民居毗邻而建，风景雅致清幽。长安城内 108 坊中 60 坊有佛寺，约占全部里坊的 60%。[②] 拥有二百余所寺院的长安，其佛寺规模在全国无出其右。长安是某些佛教宗派的根本道场，是佛教经典的翻译中心、高僧汇集的宗教交流中心、佛教世俗化教育以及市民文化娱乐中心。同时，长安佛寺也是唐诗的重要表现舞台。唐代文人无时不吟诗，无事不赋诗，日常的休闲生活更是与诗歌创作密不可分。文人们时常游于园林或郊外，这种游玩多与赏花、酒宴、乐舞相伴。因此可并称为游宴或宴游。以诗歌为耀的唐代，有一百六十多位诗人留下近六百首吟咏长安寺院的诗作。中古寺院是当时社会的文化中心。唐代长安特殊的地缘环境、自然条件、经济背景为休闲娱乐文化的发展提供

---

　　① ［法］谢和耐著，黄建华、黄迅余译：《中国社会史》，江苏人民出版社 2014 年版，第 229 页。

　　② 张弓：《汉唐佛寺文化史》，中国社会科学出版社 1997 年版，第 147—152 页。

了肥沃的土壤，使其得到了长足的发展。① 唐代的休闲娱乐活动中多是去园林或寺院游赏，诗歌与此密不可分。根据有关学者统计，《全唐诗》收录唐代士大夫游览佛寺诗约 2700 首，唐代僧人诗约 2500 首，约占全唐诗总数的十分之一以上。《唐宋词与唐宋文人日常生活》提出中唐以后日常生活艺术化成为社会文化转型的一个突出表现，游宴生活日渐兴盛，文学与日常生活互相渗透，这一现象催生了宴饮文学、礼俗文学、节日文学和抒情文学。② 孟晋《唐代长安休闲娱乐文化的盛衰及影响》提出受到唐代政治、经济形势发展的影响，唐长安休闲娱乐文化也经历了盛衰起伏发展过程。③

第一节　大荐福寺诗及其诗僧研究

　　唐代佛教不仅仅是一种单纯的宗教信仰，它集合了思想、文学、艺术等诸要素。长安佛寺是这种多重品格文化的实际载体。唐代寺庙自由开放的姿态、热烈蓬勃的文化气质和优雅精致的环

---

① 孟晋：《唐都长安休闲娱乐文化发展的背景考察》，《濮阳教育学院学报》2002 年第 2 期，第 14—16 页。

② 韩梅：《唐宋词与唐宋文人日常生活》，浙江大学 2007 年博士学位论文。

③ 孟晋：《唐代长安休闲娱乐文化的盛衰及影响》，《商丘师范学院学报》2002 年第 4 期，第 45—46 页。

境，使很多诗人频繁光顾，流连忘返。大慈恩寺、青龙寺、大荐福寺、香积寺、兴善寺等寺院面积开阔，景色宜人，并留有吴道子等著名画家的作品，备受文人青睐。佛寺也因诗人们的吟咏唱诵提高了知名度。因此，唐代寺院成为诗人赞咏的主题之一，并留下相当多诗作。"唐代文人、社会名流几乎没有不与僧人交往的。唐代诗人著作，没有不涉及寺院和僧人的。"① "故士大夫大变六朝习尚，其与僧人游者，盖多交在诗文之相投，而非在玄理之契合。"② 可以说，唐代诗人著作中没有不涉及寺院僧人的。

作为唐长安重要佛寺之一的大荐福寺，往往是文人雅集之所，也为一些著名诗人所歌咏赞美。"在唐代佛教文化繁盛的情形之下，游历寺院、结交僧人是诗人的日常生活经验。即使与佛教尚无因缘，也不妨作僧寺之游，留下几行风流文字。"③ 大荐福寺浓烈的文化气韵，在唐代诗歌史上留下多首风格迥异的作品。

（一）咏大荐福寺诗

以吟咏大荐福寺为主旨或与之有关的诗歌，总计为25首。其中，《全唐文》收有王维的《荐福寺光师房花药诗序》（卷三百二十五）、《大荐福寺大德道光禅师塔铭》（卷三百二十七）、任华的《荐福寺后院送辛屿尉洛郊序》。《全

---

① 任继愈:《唐代三教中的佛教》,《五台山研究》1990 年第 3 期,第 9 页。
② 汤用彤:《隋唐佛教史稿》,武汉大学出版社 2008 年版,第 37 页。
③ 陈引驰:《隋唐佛学与中国文学》,百花洲文艺出版社 2001 年版,第 64 页。

唐诗》中收录有宋之问（卷五十三）、李峤（卷六十一）、刘宪（卷七十一）、萧至忠（卷一百零四）、郑愔（卷一百零六）、包融（卷一百一十四）、李嘉祐（卷二百零六）、韩翃（卷二百四十四）、赵彦昭（卷二百六十九）、李端（卷二百八十五、二百八十六）、司空曙（卷二百九十二）、李频（卷五百八十九）、张乔（卷六百三十九）、徐夤（卷七百零九）、曹松（卷七百一十六）、胡宿（卷七百三十一）等描写大荐福寺的诗。以咏赞大荐福寺为主旨的诗歌大体可分为三种类型：

1. 应制诗

文学侍从最早可追溯到屈原，及至汉代，司马相如等发挥了参与政治的作用。建安时期，文学侍从多凭借文学才能博得皇帝青睐和赏识，借以实现自己的人生理想，因此应制诗的政治目的总是高于对文学兴味的追求。唐初，"皆以文词召入待诏，常于北门候进止，时号北门学士。天后时，苏味道、韦承庆，皆待诏禁中"①。中宗在景龙二年（708）四月置修文馆学，时常召集文士在长安宫苑、寺观、古迹、公卿园林举行游宴集会。

应制诗往往因歌功颂德，语言追求华丽旖旎而失去了诗歌的品质和韵味，容易类型化、集体化，一般被认为文学成就不高。作为诗歌体裁的一种，应制诗在众多唐诗中也有其独特的贡献和地位。以寺庙为题材的唐诗中，应制诗数量较多，其中高宗的《谒大慈恩寺》与许敬宗的《奉和过慈恩寺应制》较为

---

① （后晋）刘昫等撰：《旧唐书》，中华书局 1975 年版，第 1853—1854 页。

著名。《全唐诗》中关于慈恩寺的应制诗有《奉和慈恩寺应制》《奉和九月九日登慈恩寺浮图应制》等三十二首。德宗曾游览章敬寺，君臣唱和并题壁，存有德宗《韦月十五日题章敬寺》和崔元翰《奉和圣制中元日题奉敬寺》两首。

大荐福寺本是中宗为英王时旧宅。中宗对自己旧宅大荐福寺颇有感情，经常写诗赞颂大荐福寺。朝廷重臣受此影响也纷纷对大荐福寺写诗赞许。包括李乂、赵彦昭、萧至忠等皆曾作大荐福寺的应制诗，总计八首。其中，李乂的《奉和幸大荐福寺（寺即中宗旧宅）》内容如下：

> 象设隆新宇，龙潜想旧居，
> 碧楼披玉额，丹仗导金舆。
> 代日兴光近，周星掩曜初，
> 空歌清沛筑，梵乐奏胡书。
> 帝造环三界，天文贲六虚，
> 康哉孝理日，崇德在真如。[①]

李乂将大荐福寺美化为龙潜之地，颂扬它的金碧辉煌，借此称赞中宗"帝造环三界"。

赵彦昭的《奉和幸大荐福寺（寺乃中宗旧宅）》赞美大荐福寺为"龙飞"宝地：

---

① （清）彭定求等编：《全唐诗》，中州古籍出版社 2008 年版，第 461 页。

宝地龙飞后，金身佛现时，
千花开国界，万善累皇基。
北阙承行幸，西园属住持，
天衣拂旧石，王舍起新祠。
刹凤迎雕辇，幡虹驻彩旗，
同沾小雨润，窃仰大风诗。

诗中褒扬中宗乃真龙天子。龙飞后有很多奇妙的景象出现，如金身佛出现、千万朵花开放，这既是中宗美好政治前景的征兆也是其所累积功德的原因。宋之问的《奉和荐福寺应制》将大荐福寺比喻为"龙归处"：

梵筵光圣邸，游豫览宏规，
不改灵光殿，因开功德池。
莲生新步叶，桂长昔攀枝，
涌塔庭中见，飞楼海上移。
闻韶三月幸，观象七星危，
欲识龙归处，朝朝云气随。①

"不改灵光殿，因开功德池"句称许中宗的回归。宋之问《奉和幸大荐福寺》中的"乘龙太子去，贺象法王归"等诗句，

---

① （清）彭定求等编：《全唐诗》，中州古籍出版社 2008 年版，第 298 页。

更是极尽褒扬之意。① 此外，大荐福寺应制诗还有萧至忠的《荐福寺应制（一作刘宪诗）》、李峤的《奉和幸大荐福寺应制（寺即中宗旧宅）》、刘宪的《奉和幸大荐福寺应制》、郑愔的《奉和幸大荐福寺（寺即中宗旧宅）》等。他们的诗句中不乏"国会人王法，宫还天帝游""还窥图凤宇，更坐跃龙川"等揄扬中宗之句。

以大荐福寺、慈恩寺为代表的唐代重要寺庙，多是皇族的旧宅或者舍宅而建，发挥了皇家功德寺的功能。它们因独特的政治和文化地位，博得皇族的眷顾和文人墨客的青睐，因而也不可避免地涌现出众多的应制诗。

2. 写景诗

继魏晋谢灵运等诗人以自然山水为题材创作诗歌后，写景诗成为中国诗歌的一个传统。到盛唐写景诗高度繁荣，成为我国古代写景诗的全盛时期，其中的山水田园诗和边塞风光诗创作达到了巅峰。诗人们往往借助山水明志说理、借景寄情。自东晋以后，寄情山水，崇尚自然风光成为中国文人审美情趣的一个重要方面。佛教自东汉传入汉地后，寺院建筑深受汉文化影响。除了寺院建筑的汉化外，这种影响也体现在寺院选址和园林化的倾向上。寺院多置于风景优美之地，即使一些都市型的寺院，也尽显山水之美，追求对自然景观的营造，如慧远选择东林寺是因为"欲往罗浮山，及届浔阳，见庐峰清静，足以

---

① （清）彭定求等编：《全唐诗》，中州古籍出版社 2008 年版，第 298 页。

息心，始住龙泉精舍"①。

而隋唐的大型佛寺多来自王府和贵人宅邸，格局已基本形成，在改造过程中变化不大。因此，虽然有高耸的殿堂和纵深多重的房宇，但房屋占地面积非常有限，园林和花圃占据相当的空间，树木、水池、花草的重要性都被考虑进去，因此拥有大量的自然空间，可谓是园林式寺庙。②唐长安这些园林式寺院多面积开阔、景色秀美，往往广植花草树木，是游赏的胜地。慈恩寺与西明寺"尽管地处繁华都市但寺南临黄渠，水竹森邃，为京都之最"③。唐代诗人受时代风气的影响，畅游山水，欣赏自然风貌之美，探求山水幽胜之趣成为其精神文化生活的一个重要方面。参访寺庙的文人们往往氤氲于一种雅致、幽静的文化艺术氛围当中。

大荐福寺内种有很多奇花异草，如石竹、蔷薇、牡丹、莲花、桐树等。据王维《荐福寺光师房花药诗序》描述，大荐福寺"琼蕤滋蔓，侵回阶而欲上。宝庭尽芜，当露井而不合。群艳耀日，众香同风。开敷次第，连九冬之月。种类若干，多四天所雨"④。可见，大荐福寺应是种植了大量奇花异卉，绚丽异

---

① （南朝梁）慧皎撰，汤用彤校注，汤一玄整理：《高僧传》，中华书局1992年版，第212页。

② 荣新江：《隋唐长安的寺观与环境》，《唐研究》2009年第十五卷，第15页。

③ （清）徐松：《唐两京城坊考》卷三《丛书集成初·史地类》，中华书局1985年版。

④ （唐）王维著，（清）赵殿成笺注：《王右丞集笺注》，中华书局1961年版，第460页。

常。另外，大荐福寺内除了有武则天的题字，还有唐代著名画家吴道子、张璪、毕宏的作品，加之寺院景色优美怡人，是广受欢迎的游玩场所。《题荐福寺塔》描摹了大荐福寺的美景："浮图逾百尺，突兀倚层空，人语半天上，鸟飞平地中。宝轮朝炫日，金铎夜鸣风，极目乾坤远，川流尽向东。"①可见荐福寺寺塔高大，鸟语花香，象征佛法的宝轮灿烂醒目。

唐代长安牡丹繁盛。由于广种牡丹，寺院是赏玩牡丹的好去处。《唐语林》曾记载："京师贵牡丹，佛宇、道观多游览者。"②此外，西明寺、兴唐寺、兴善寺、崇敬寺的牡丹也非常有名气，为时人所欣赏和赞颂。大慈恩寺就以牡丹名撼京城：

> 长安三月十五日，两街看牡丹甚盛。慈恩寺元果院花最先开，太平院开最后。潾作《白牡丹》诗题壁间。大和中，驾幸此寺，吟玩久之，因令宫嫔讽念。及暮归，则此诗满六宫矣。③

大荐福寺的牡丹也非常有名，得到了很多诗人的褒扬。《全唐诗》（卷七百零九）记载徐夤写的《忆荐福寺南院》一诗："忆昔长安落第春，佛宫南院独游频。牡丹花际六街尘。"④

---

① （明）朱诚泳：《小鸣稿》，清文渊阁四库全书本，第 273 页。

② （宋）王谠撰，周勋初校证：《唐语林校证》，中华书局 1987 年版，第 628 页。

③ （宋）计有功：《唐诗纪事》，上海古籍出版社 1987 年版，第 786—787 页。

④ （清）彭定求等编：《全唐诗》，中州古籍出版社 2008 年版，第 3658 页。

王维的《荐福寺光师房花药诗序》说僧人道光在这所寺院，
以种花为佛事，开敷次第，连九冬之月；种类若干，多四天
所雨。①《全唐诗》（卷十九）记载了胡宿的《忆荐福寺牡丹》：

> 十日春风隔翠岑，只应繁朵自成阴，
> 樽前可要人颓玉，树底遥知地侧金。
> 花界三千春渺渺，铜槃十二夜沈沈，
> 雕槃分篓何由得，空作西州拥鼻吟。②

李端曾描写过大荐福寺雨后的园林妙境，沁人心脾：

> 暮雨风吹尽，东池一夜凉，
> 伏流回弱荇，明月入垂杨。
> 石竹闲开碧，蔷薇暗吐黄，
> 倚琴看鹤舞，摇扇引桐香。
> 旧笋方辞箨，新莲未满房，
> 林幽花晚发，地远草先长。
> 抚枕愁华鬓，凭栏想故乡，
> 露馀清汉直，云卷白榆行。
> 惊鹊仍依树，游鱼不过梁，

---

① （唐）王维著，（清）赵殿成笺注：《王右丞集笺注》，中华书局 1961 年版，
第 460 页。

② （清）彭定求等编：《全唐诗》，中州古籍出版社 2008 年版，第 3753 页。

系舟偏忆戴，炊黍愿期张。

末路还思借，前恩讵敢忘，

从来叔夜懒，非是接舆狂。

众病婴公干，群忧集孝璋，

惭将多误曲，今日献周郎。①

根据诗句的描写，可以想见雨后大荐福寺蔷薇吐蕊，莲花摇曳，清新的花草香气浮摇其间之美。"倚琴看鹤舞，摇扇引桐香"展现出大荐福寺出尘的意境，诗人身处其中怡然自得，令人神往。徐夤的《忆荐福寺南院》也写道：

忆昔长安落第春，佛宫南院独游频，

灯前不动惟金像，壁上曾题尽古人。

鹍鸠声中双阙雨，牡丹花际六街尘，

啼猿溪上将归去，合问升平诣秉钧。②

除了来大荐福寺游览、赏花者，也有前来寄宿的诗人。

3. 酬寄诗

酬寄诗是表达赠答酬寄的情感，多因相得之谊写景抒怀，或者依因景色宴乐，表达对友人的想念和无法参与的遗憾。有时诗题标有"酬""寄""赠"等字样。大荐福寺的酬寄诗内容

---

① （清）彭定求等编：《全唐诗》，中州古籍出版社 2008 年版，第 1482 页。

② （清）彭定求等编：《全唐诗》，中州古籍出版社 2008 年版，第 3658 页。

非常丰富，诗人们在大荐福寺写下了对朋友的深切情谊，如李端的《荐福寺送元伟》写到"送客攀花后，寻僧坐竹时。明朝莫回望，青草马行迟"[①]。他还在《同苗员外宿荐福寺僧舍》一诗中记述到："潘安秋兴动，凉夜宿僧房。倚杖云离月，垂帘竹有霜。回风生远径，落叶飒长廊。一与交亲会，空贻别后伤。"[②]韩偓《荐福寺讲筵偶见又别（一作别后）》、丁仙芝《和荐福寺英公新构禅堂》、李嘉祐《同皇甫侍御题荐福寺一公房》都是作于大荐福寺写的酬寄诗。

（二）荐福寺诗僧

佛教有创作偈颂的深厚文学传统，偈颂是佛典的重要表现形式之一。佛典传至汉地后，在印度诗学传统影响和中国文化的浸润下，很多僧人创作了偈子、颂、赞、诗等僧诗。诗僧产生于魏晋，其名最早出现在中唐皎然的诗歌中。诗僧作为一个特殊的阶层出现于唐代，基本被认为形成于中唐大历之后。唐中期诗僧群体真正形成，"世之言诗僧者多出江左"，并形成了江左诗僧群体。灵一是江左诗僧的开拓者，护国、法振等承袭，及至皎然、灵澈已形成了稳定的诗僧群，是真正意义上"诗僧"活动的肇始。大荐福寺成为诗人墨客喜爱流连的场所，与大荐福寺负有诗名的诗僧有很大关系。

---

① （清）彭定求等编：《全唐诗》，中州古籍出版社 2008 年版，第 1483 页。
② （清）彭定求等编：《全唐诗》，中州古籍出版社 2008 年版，第 1470 页。

1. 道光

道光禅师（？—739）是华严宗著名高僧，也是一名诗僧。王维对其"十年座下，俯伏受教"[①]。王维曾至大荐福寺随道光禅师学顿教，作有《大荐福寺大德道光禅师塔铭并序》和《荐福寺光师房花药诗序》等文。在《荐福寺光师房花药诗序》中提及道光禅师曾写过题咏花卉药草的《花药诗》。[②] 道光禅师的诗歌虽已遗失，但据王维描述，道光应创作了一定数量的诗歌。王维在世时诗名已极高，二者在谈论佛教修行之余，也很可能有诗歌方面的交流。

2. 灵澈 [③]

灵澈，本姓汤，字源澄，会稽人。他的生年不十分确凿，约生于天宝五年（746），元和十一年（816）卒于开元寺。灵澈曾居大荐福寺。灵澈聪明好学尤好篇章，被时人赞誉为"越之澈，洞冰雪"[④]。《高僧传》卷十五记载灵澈以诗文闻名，被赞赏为："吟咏情性，尤见所长。居越溪云门寺，成立之岁，为文之誉袭远。"[⑤] "以文章接才子，以禅理说高人，风仪甚雅，谈笑

[①] （唐）王维著，（清）赵殿成笺注：《王右丞集笺注》，中华书局1961年版，第460页。

[②] （唐）王维著，（清）赵殿成笺注：《王右丞集笺注》，中华书局1961年版，第358页。

[③] 关于灵澈与名士的交往，参见拙文《诗僧灵澈交游考》，《文学与文化》2016年第2期，第79—84页。

[④] （宋）赞宁撰，范祥雍点校：《宋高僧传》，中华书局1987年版，第369页。

[⑤] （宋）赞宁撰，范祥雍点校：《宋高僧传》，中华书局1987年版，第369页。

多味。"① 灵澈被评为大历诗僧的殿军。《新唐书》记载灵澈有诗文十卷，今仅存诗歌十六首，主要记载在《全唐诗》八百一十卷，补遗一首收录在八八八卷。根据笔者考订，灵澈与诗坛名宿刘禹锡、权德舆、柳宗元、刘长卿等十六位文人士大夫往来频仍，与皎然等诗僧也交谊深厚。

皎然与灵澈交往甚密，友情非常深厚。《宋高僧传》卷二十九《唐湖州杼山皎然传》记载，皎然与"与武丘山元浩、会稽灵澈为道交"②。皎然和灵澈的交往时间大概在建中元年（780）、建中二年（781）、贞元六年（790）和贞元八年（792）。皎然有五言《灵澈上人何山寺七贤石诗》、五言《妙喜寺高房期灵澈上人不至重招之一首》、七言《宿法华寺见灵澈上人》《兵后西日溪行》《送灵澈》五首与灵澈相关的诗。灵澈诗大部分散佚，今存十六首，无法得知是否有与皎然相关的诗句。

《唐会稽云门寺灵澈传》记载了灵澈与皎然的交往："澈游吴兴，与杼山昼师一见为林下之游，互相击节。"③ 对于灵澈到达吴兴后与皎然的交往，刘禹锡《澈上人文集纪》也有记载。大历十二年（777），灵澈在严维卒后去吴兴，"维卒，乃抵吴兴，与长老诗僧皎然游，讲艺益至"④。《唐才子传》对此也有记载："及维卒，乃抵达吴兴，与皎然居何山游讲。"⑤

① （清）董诰等编：《全唐文》，中华书局 1983 年版，第 6114 页。
② （宋）赞宁撰，范祥雍点校：《宋高僧传》，中华书局 1987 年版，第 728 页。
③ （宋）赞宁撰，范祥雍点校：《宋高僧传》，中华书局 1987 年版，第 369 页。
④ 傅璇琮主编：《唐才子传校笺》，中华书局 1990 年版，第 614 页。
⑤ 傅璇琮主编：《唐才子传校笺》，中华书局 1990 年版，第 613 页。

皎然对灵澈的举荐可谓不遗余力，曾将其引荐给名士包佶、李纾、权德舆等。在《赠包中丞书》一文中，他对灵澈极尽褒扬："会稽沙门灵澈，年三十有六，知其有文十余年而未识之。此则闻于秘书郎严维、随州刘使君长卿、前殿中皇甫侍御曾史所常称耳。及上人自浙右来湖上，见存并示制作，观其风裁，味其情致，不下右手，不傍古人，则向之严、刘、黄甫所许。畴今所观，则三君之言，犹未尽上人之美矣。"① 正是通过皎然力荐，灵澈受到名士的欢迎。灵澈对皎然情谊厚重，皎然去世后，灵澈重游其旧居无限感伤。《宋高僧传》卷二十九记载："元和四年，太守范传正、会稽释灵澈同过旧院，就影堂伤悼弥久，遗题曰：'道安已返无何乡，慧远来过旧草堂。余亦当时及门者，共吟佳句一焚香。'"② 此外，灵澈曾撰《送道虔上人游方》一诗，他与僧人道虔应也多有往来。

灵澈的诗歌清新自然，行文平和。皎然评价他的诗歌挺拔有气骨兼具瑰奇。皎然在写给权德舆的《答权从事德舆书》中也多次赞扬灵澈的诗歌成就和卓尔不群的风范："因问越僧灵澈古豆卢次方"，"灵澈上人，足下素识，其文章挺拔瑰奇，自齐梁以来，诗僧未见其偶。但此子迹冥累迁，心无营营。虽然，至于月下风前，犹未废是。"③

灵澈与文人墨客广泛酬唱，与文化领袖往来密切，其

---

① （清）董诰等编：《全唐文》，中华书局 1983 年版，第 9553 页。
② （宋）赞宁撰，范祥雍点校：《宋高僧传》，中华书局 1987 年版，第 370 页。
③ （清）董诰等编：《全唐文》，中华书局 1983 年版，第 9552 页。

交往的士大夫多是高门权贵。与灵澈交往的士大夫中很多
人曾在江左任职，亲近、信仰、支持佛教。灵澈在士大夫
圈中受到认可和欢迎，客观上促进了江左诗僧群体的发展
和形成。

3. 栖白

大荐福寺栖白是晚唐前期著名的诗僧之一，与常达、可止
等齐名，被誉为"空门才子"。《全唐诗》（卷八百二十三）记
载了栖白的生平："栖白，越中僧，前与姚合交，后与李洞、曹
松相赠答。……诗一卷，今存十六首。"① 栖白宣宗朝始为供奉，
历三朝，则已至僖宗时，其卒或即在僖宗朝也，可谓是恩重一
时。栖白与文坛诗人、文化领袖诗文唱和、交往密切，与晚唐
名士李洞、曹松亦交往深厚。据《全唐诗》记载，诗人贯休、
齐己、林宽、郑谷、罗邺、李频、李洞、曹松、张乔、许棠、
李昌符、张乔等均与栖白有唱酬。

栖白的应制诗也很有名，并时常被召入内殿。曹松有《荐
福寺赠应制白公》："还闻穿内去，随驾进新诗。"② 李频在《题
大荐福寺僧栖白上人院》诗对栖白大师的诗歌才华给予了高度
肯定：

> 空门有才子，得道亦吟诗，
>
> 内殿频征入，孤峰久作期。

---

① （清）彭定求等编：《全唐诗》，中州古籍出版社 2008 年版，第 4145 页。

② （清）彭定求等编：《全唐诗》，中州古籍出版社 2008 年版，第 3691 页。

高名何代比，密行几生持，

长爱乔松院，清凉坐夏时。①

李频非常欣赏栖白大师的佛学修养和诗歌才华。据李频诗歌描述，栖白大师因诗歌高名而经常被皇帝召见，因应制诗深得皇帝宠顾。栖白"内殿频征入"（李频《题荐福寺僧栖白上人院》），"内殿承恩久"（齐己《寄栖白上人》），"闲身却不闲，日日对天颜"（许棠《赠栖白上人》）。栖白以诗得奉曾历数朝，亦因诗得赐紫。

栖白与当时的文人多有交流。刘得仁在长庆中（公元 823 年左右）即有诗名，与栖白交往频繁。他去世后，栖白曾写过《哭刘得仁》：

为爱诗名吟至死，

风魂雪魄去难招。

直须桂子落坟上，

生得一枝冤始消。②

诗歌赞赏了刘得仁的诗情，表达了对他深深的悼念之情。栖白还写过《赠李溟秀才》《送石秀才》等诗歌。唐代三教并举，僧道之间多有往来。栖白与道士也有诗文上的交往。他曾写过

---

① （清）彭定求等编：《全唐诗》，中州古籍出版社 2008 年版，第 3072 页。

② （清）彭定求等编：《全唐诗》，中州古籍出版社 2008 年版，第 4155 页。

《送王炼师归嵩岳》一诗赠王道士：

> 飘然绿毛节，杳去洛城端，
> 隔水见秋岳，兼霜扫石坛。
> 一溪松色古，半夜鹤声寒，
> 迥与人寰别，劳生不可观。①

可见，他与王道士的交情也颇为深厚。此外，域外僧人也留有以长安大寺为创作主题的诗篇。唐代长安日本、朝鲜留学僧数量众多，他们参访名僧、研习佛法，并将唐代的佛教文化带回本国。对于日本与朝鲜而言，唐代中国是佛教的第二故乡。留学僧中，日本圆仁是其中的佼佼者。圆仁曾巡礼过大荐福寺，应与大荐福寺僧特别是栖白有过交往。栖白在圆仁即将回国之际曾赠送诗歌《送圆仁三藏归本国》：

> 家山临晚日，海路信归桡，
> 树灭浑无岸，风生只有潮。
> 岁穷程未尽，天末国仍遥，
> 已入闽王梦，香花境外邀。②

可以说，栖白是中晚唐诗僧的代表性人物之一。

---

① （清）彭定求等编：《全唐诗》，中州古籍出版社 2008 年版，第 4155 页。
② （清）彭定求等编：《全唐诗》，中州古籍出版社 2008 年版，第 4156 页。

　　大荐福寺诗僧的作品融铸佛理与诗情，将诗作视为诗僧实现自我价值的一种方式，中晚唐是诗僧自觉的时代。诗僧在诗坛上的影响不容小觑，如与王维等交往的惠上人名震一时，甚至"作者为之不宁，词林为之一振"[①]。大荐福寺栖白等著名诗僧以"走出去"的姿态和方式，与文人墨客广泛酬唱，与文化领袖往来密切，其中不乏高门权贵。唐代的诗性文化深刻地影响和造就了中晚唐诗僧群体的涌现。

　　虽没有诗僧之名，但具有很大宗教影响力的大荐福寺高僧义净也写过不少诗歌作品。与译作相比，义净的诗歌作品数量不多，但颇具特色。义净诗歌写作时间范围比较长，有的写就在西行求法的路上，有的是取经归来后在长安创作。其诗作主题多为回顾求法的历程和对佛法的感悟，如《西域寺》一诗：

　　　众美仍罗列，群英已古今，
　　　也知生死分，那得不伤心。[②]

　　义净的诗歌并不刻意追求对仗工整押韵，作为一代律宗大德，义净的诗歌频繁地出现佛教各种名相，如四恩、传灯、梵宇、法流等。

　　唐代诗歌昌盛，杂体诗也同样取得了令人瞩目的成就，数

---

① （清）董诰等编：《全唐文》，中华书局 1983 年版，第 3381 页。
② （清）彭定求等编：《全唐诗》，中州古籍出版社 2008 年版，第 4085 页。

量和质量都远超前代。杂体诗体现了汉语的语言、音乐、画面的整体美，但多偏重形式而忽略内容，其中不免争奇斗巧的游戏之作。宋以后有将杂体诗入词、曲、小说等文学作品的情况。义净的《在西国怀王舍城（一三五七九言）》一诗很有特色，其形式是杂体诗中的"宝塔诗"。唐代广为熟悉的宝塔诗有元稹的《茶》，张南史一至七字诗《雪》《花》等。义净的宝塔诗形式可能受唐代杂体诗的影响，并与他长期浸染佛典，深谙佛典偈颂体式有一定关系。汉译佛典中杂言偈在体式上也并非整饬，主要表现在同一组偈颂中二、三、四、五、六、七、八、九言的不同体式偈颂交替使用，具体组合形式丰富多样。杂言偈的组合形式与杂言诗的发展趋势也基本相一致。义净的杂体诗应为华梵交互影响的成果。

（三）余论

大荐福寺作为唐中宗曾经的宅邸，对它的颂扬，特别是应制诗的创作客观上起到维护和强化君臣关系的作用。大荐福寺等唐代长安重要大寺作为公共文化空间，往往文人荟萃。它们激发着诗人的灵感，为诗人提供了吟咏之所。诗人们以诗歌的形式留下对寺庙的憧憬和赞咏，抒发种种人生感怀，甚至将其视为身心灵栖息安顿之所。因诗人们的题咏和造访，寺院平添了浓墨重彩的文化气韵。诗人们对大荐福寺的吟咏以及与大荐福寺诗僧的交往，刺激和提升了大荐福寺僧人的文学创作水平。唐代长安大荐福寺禅意与诗意交织激荡，成为唐代文化交流的核心场所之一，无形中发挥着文化传播的功能。吟唱大荐福寺的诗歌以及诗僧们的创作和频繁互动，是唐代佛教兴盛、诗歌繁荣交互影响的必然结果。

第二节 光影与吟咏的交错——以唐代长安大寺园林与绘画艺术为中心

佛教传入中国后，不独在义理、哲思上与中国文化交融互荡，其他层面也与中国传统文化渗透互补。佛教与文学、绘画、音乐等文艺的交流产生了令人惊叹的成果，寺院园林建筑也成就斐然。唐代长安大寺是多种功能兼具的实体空间，除了是信众佛教信仰的具体表达场所，也是僧侣日常宗教生活、士人游赏吟诵、百姓娱乐休闲的场地。慈恩寺、大荐福寺、兴善寺、安国寺等寺院园林景色宜人，且寺院墙壁绘有多幅艺术作品，构成了独特的佛教艺术世界。中国佛教建筑园林艺术与中国古典建筑园林在审美情趣上交融重组，佛教的精神气韵与中国传统文化的气质在交流中互鉴互补。

国内外关注唐代寺院园林和绘画艺术的成果迭出，角度也各不相同。学者们从唐代长安城市建筑布局、唐代长安寺院建筑、唐代长安园林美学、寺院园林与唐代文学的交涉等不同角度展开探讨。学者宁欣《唐宋城市社会公共空间形成的再探讨》从社会公共空间的视角探索了唐代寺院作为公共空间的独特价值。李林的《唐代寺院园林与僧侣的园林生活》着眼于山水、植物、动物、建筑等几个要素对唐代"寺院园林"的外部特征进行探讨，阐述了"寺院园林"所表现的审美特征以及意境构成，呈现僧侣的课诵、下棋、弹琴、饮茶、作诗等园林生活形态。① 马玉的《唐代长安园林与唐诗》对唐代长安园林地域优势、历史分期、空间布局等加以梳理介绍，重点探讨了唐代文人的园林生活及诗歌创作，认为园林、文人以及唐诗是彼此交融的统一体。② 朱玉麒从长安建筑园林与文学艺术的关系角度探讨了唐代寺院是寺观建筑，因长安很多达官贵人舍宅为寺，因此一些大寺位于长安较好的地理位置，如千福寺既是艺术画廊，同时也有着精美的园林建筑。③ 有学者从唐代长安寺院与僧人寓居其中的视角提出唐代寺院园林特点多是山与水结合在一起，构筑展现山水之美，花卉青苔藤木营造出蓊蓊郁郁的自然环境，鸟兽增添了生机，优美的园林为僧人提供修道的场所，同时也是文人交游、饮茶、下棋、弹琴的交往空间。④

---

① 具体可参见宁欣：《唐宋城市社会公共空间形成的再探讨》，《中国史研究》2011 第 2 期，第 77—89 页；李林：《唐代寺院园林与僧侣的园林生活》，西北大学 2009 年硕士学位论文。

② 马玉：《唐代长安园林与唐诗》，西北大学 2010 年硕士学位。

③ 朱玉麒：《唐代长安的建筑园林及其文学表现》，《江苏行政学院学报》2004 年第 1 期，第 114—120 页。

④ 李林：《唐代寺院园林与僧侣的园林生活》，西北大学 2009 年硕士学位论文。

（一）唐代大寺的园林建筑

唐代长安城处于黄河中游关中平原之上，四季分明，降水量适中，气候温润。适宜的气候环境有利于将唐代长安城塑造成为景色宜人、树木葱郁的园林城市。唐代长安的建筑、园林，如果从使用者阶层角度分析，可大体分成四种类型，即宫廷建筑和皇家园林、公共风景区、寺观建筑以及私家园林。[①] 中国寺院大体可以分为平川式寺院和依山式寺院。唐代长安寺院基本属于平川式园林建筑。它的建筑形式形制与私家园林有相似之处。有学者研究，平川式寺院园林与市坊中的私家园林类似，一方面是模仿私家园林的结果，一方面由于市坊中许多寺院园林前身就是私家宅邸、私家园林。[②]

佛传中记载佛陀在树下苦行六年，衣食住行极简，因此佛典戒律中对僧侣的住行要求非常严格。戒律规定僧侣不能坐高大广床，自然也谈不上占据屋舍。随着僧团的壮大，客观上需要能够满足集体群居修行需求的场所，所以出现了伽蓝、阿兰若、精舍等。中国佛教寺院几乎从一开始就融入周围的自然环境中，佛教或传法于深山茂林中，或在城市街坊中建寺院。佛

---

① 参见朱玉麒:《唐代长安的建筑园林及其文学表现》，江苏行政学院学报2004 年第 1 期，第 114 页。

另，李卓妍将唐代建筑分为皇家园林、私人园林、公共园林三种类型，且寺观均属于公共园林类。参见李卓妍:《权力的空间：隋唐都城规划理念研究——以长安、洛阳为例》，东北师范大学 2018 年硕士学位论文，第 22 页。

② 赵湘军:《隋唐园林考察》，湖南师范大学 2005 年硕士学位论文。

教传入汉地后，僧侣的生活方式与中国建筑文化发生着审美情趣上的渗透重组，建立了具有中国特色的寺院建筑。魏晋以后，很多寺院是由皇室贵族私人宅院捐献改建，所以中国佛寺从伊始之时就具有中国园林的显著特征。除武宗外，唐代其他诸帝基本采取包容、支持、崇信佛教的政策，太宗、高宗、武则天、中宗等频频对寺院施予人力物力上的支持，这也影响到皇亲国戚、内外大臣和普通百姓对佛教的信仰。唐代佛教进一步兴盛，拜佛、信佛、支持佛教成为一种被推重的行为，甚至发展到为此舍身、燃指的程度。唐代长安一些大寺拥有完善的经济体系，国家经常会赐予丰厚的财物。显庆元年（656），唐高宗赐百亩田园、百间僧房等资产予长安西明寺。寺院有强大的经济产业，可以经营当铺、放高利贷等。寺院经济的自立自主保障了中国寺院园林建筑的发生和成长，有利于长期维护寺院的园林建筑。

　　唐代舍宅为寺也是常见的信仰表达行径。自从汉魏南北朝开始，统治阶层兴起"舍宅为寺"。隋唐时期，很多贵族施舍自己的私宅以建寺院。隋文帝开皇三年（583）高顺舍宅而建的化度寺。唐代文人士子、权贵阶层沿袭前代风潮，将自己的私人宅院捐赠给寺院，长安大寺多为贵族旧宅，如慈恩寺、大荐福寺、大兴善寺等。唐代中期以后，寺院经常因此获得大量田产。白居易对此情况作诗云"第宅亭台不将去，化为佛寺在人间"[①]。根据唐诗记载，唐长安有崇圣寺、资圣寺、

---

① （清）彭定求等编：《全唐诗》，中州古籍出版社 2008 年版，第 3670 页。

青龙寺、章敬寺、大慈恩寺、大荐福寺等寺院园林。[①] 从太宗
到高宗朝，中国私家园林建筑数量稳定并形成独具特色的造
园风格。玄宗朝私人造园数量达到高潮，后随着安史之乱逐
渐衰落。中宗之女安乐公主在京城建豪宅，造定昆池四十九
里。这些贵族庭院将人文雅致和自然景色结合起来，既华美
气派又具有文化意蕴，是唐代政治、文化、经济高度发达的
反映。

　　唐代私家园林艺术也影响到佛教寺院的园林建设。在唐
前期，中国佛教寺院以塔为中心，僧团的宗教生活和信仰都
紧密地围绕佛塔展开。初唐时期，佛寺中阁已逐渐取代塔，
成为佛寺的核心建筑之一。唐中期以后，寺院建筑发展也愈
发本土化，佛殿为中心的组合是主导形制。多院式佛寺在唐
中、末期成为主流，尤其是一些大寺的建设受到当时主流建
筑模式布局的影响（唐代建筑布局特点及舍宅为寺）。[②] 唐代
寺庙布局逐渐形成主次分明，以中院为核心的院落式发展模
式，院落整体沿中轴线对称性布置，建筑体量逐渐放大，达
到整个建筑群的高潮。寺院的建筑群一般包含殿、塔、廊、
亭、房等多个组成部分。禅宗与其他宗派不同，它主张丛林
寺院，不设佛殿而重视修禅的禅房，因此禅寺中廊院式较为

---

　　① 请参见周维权先生对中国历代园林建筑的论述。对唐代寺院园林的统计
具体请参见马玉：《唐代长安园林与唐诗》，西北大学 2010 年硕士学位论文，第
23 页。
　　② 唐浩川：《唐长安西明寺建筑研究》，西安建筑科技大学 2013 年硕士学位
论文，第 35 页。

普遍。因此，有学者将唐代长安佛教寺院园林特点归为都市型园林。

　　唐代寺院中园林繁茂，且多栽花种草，僧人们也非常重视对寺院园林的美化和布置。植物花卉是长安大寺园林建筑的重要组成部分，占据很大比重。寺院栽植异草名花，民众喜来寺院游赏。《剧谈录》记载长安慈恩寺中有一老僧擅长培育牡丹，他的牡丹名动京城，其大者"每开及五六百朵，繁艳芬馥，近少伦比"①。"京国花卉之晨，尤以牡丹为上，至于佛宇道观，游览者罕不经历。"②有些奇花异草只在寺观园林中栽植，如"上都即长安安业坊唐昌观，旧有玉蕊花甚繁"③。寺院栽种花草可以美化寺院园林，僧众在修行之余可以通过饮茶赏花休憩。芍药、荷花、牡丹、山榴花、紫藤花、辛夷花、菊花等都是寺庙栽种的品类。禅宗道光禅师就以种花为佛事。这些珍奇花卉吸引了众多士人驻足游览并写下多首诗歌赞颂："移根自远方，种得在僧房。六月花新吐，三春叶已长。"④"一双童子浇红药，百八真珠贯彩绳。"⑤《全唐诗》收录大量描写慈恩寺荷花、牡丹、杏花的诗歌，如权

　　① （唐）康骈撰，兰翠点校：《剧谈录》，古典文学出版社1958年版，第35页。

　　② （唐）康骈撰，兰翠点校：《剧谈录》，古典文学出版社1958年版，第35页。

　　③ （唐）康骈撰，兰翠点校：《剧谈录》，古典文学出版社1958年版，第35页。

　　④ （清）彭定求等编：《全唐诗》，中州古籍出版社2008年版，第964页。

　　⑤ （清）彭定求等编：《全唐诗》，中州古籍出版社2008年版，第3002页。

德舆的《和李中丞慈恩寺清上人院牡丹花歌》写到"澹荡韶光三月中，牡丹偏自占春风。时过宝地寻香径，已见新花出故丛"①。对慈恩寺杏花的描摹，如"春晴凭水轩，仙杏发南园。开蕊风初晓，浮香景欲暄"②。刘禹锡、白居易等均作有至慈恩寺赏牡丹的诗作。徐夤的诗中描写大荐福寺牡丹"鹡鸰声中双阙雨，牡丹花际六街尘"③。胡宿作有《忆荐福寺牡丹》，"十日春风隔翠岑，只应繁朵自成阴，樽前可要人颓玉，树底遥知地侧金"④。白居易的《牡丹芳》将西明寺北廊处牡丹芳华、仪态描写得淋漓尽致，俨然绝色佳人，"牡丹芳，牡丹芳，黄金蕊绽红玉房。千片赤英霞烂烂，百枝绛点灯煌煌"⑤。白诗中还谈到长安城对牡丹花迷恋的癫狂程度，"花开花落二十日，一城之人皆若狂"。除了花卉，寺院最常见的松、竹、苔藓等构筑了唐代大寺安静温润的气质，卢纶"岸莎青有路，苔径绿无尘"⑥。李适的《七月十五日题章敬寺》写到："金风扇微凉，远烟凝翠晶。松院静苔色，竹房深磬声。"⑦章敬寺宁静幽远的氛围让人感到格外清凉怡人。相比较唐代皇家园林的宏阔豪华，唐代大寺园林多了份幽静

---

① （清）彭定求等编：《全唐诗》，中州古籍出版社 2008 年版，第 2413 页。
② （清）彭定求等编：《全唐诗》，中州古籍出版社 2008 年版，第 2413 页。
③ （清）彭定求等编：《全唐诗》，中州古籍出版社 2008 年版，第 3753 页。
④ （清）彭定求等编：《全唐诗》，中州古籍出版社 2008 年版，第 3753 页。
⑤ （清）彭定求等编：《全唐诗》，中州古籍出版社 2008 年版，第 3658—3659 页。
⑥ （清）彭定求等编：《全唐诗》，中州古籍出版社 2008 年版，第 1429 页。
⑦ （清）彭定求等编：《全唐诗》，中州古籍出版社 2008 年版，第 358 页。

和淳朴之美。明清时期，大荐福寺的景致依然被人赞颂，其雁塔晨钟被称誉为"关中八景"之一。西安碑林对其描写记载为：

> 雁塔晨钟，城南荐福寺有浮图，耸立于霄汉间者，俗呼为小雁塔是也。爰有古钟，寺僧晓扣，则清音远振。
> 噌弘初破晓来霜，落月迟迟满大荒。
> 枕上一声残梦醒，千秋胜迹总苍茫。

而西安碑林另一组四条碑石，阴阳八刻关中八景之图画和诗歌，关于"雁塔晨钟"的题诗如下：

> 云深古刹记何年，高耸层云接洞天，
> 听到更残月落里，一声缥缈一声圆。
> 晓风何处送钟声，塔势凌霄逼太真，
> 应是影名消壮志，钟声故作不平鸣。

佛寺和道观往往需要吸引信徒举办大量的宗教活动，因而也成为人们文化交流、社会交往、教育活动的场所。"城市寺观具有城市公共交往中心的作用，寺观园林亦相应地发挥了城市公共园林的职能。"① 唐代长安寺院园林为士人提供了修养身心的建筑空间，为他们构筑了精神栖息之所。士人可以兼及儒

---

① 周维权著：《中国古典园林史》，清华大学出版社 2008 年版，第 257 页。

家治世原则和对独善其身的向往。隐栖于寺院园林中的士人，精神世界得到了滋养和平衡，如李端写到"来形貌稊，斋沐入东林。境静闻神远，身嬴向道深"①。他在郁郁不得志，身心嬴弱时将精神思想转向寺院。王昌龄的《同王维集青龙寺昙壁上人兄院五韵》写到与王维等友人畅游青龙寺时感悟到与尘世不同之种种心境："本来清净所，竹树引幽阴。檐外含山翠，人间出世心。"此外，长安大寺成为当时文化中枢，客观上也为文人提供了表达才情的处所。古木成荫景致优雅的西明寺、慈恩寺、大荐福寺等大寺也成为唐代帝王将相、文学名士等游览休憩之场所，在游赏中他们拓展了视野，得到了文学创作的灵感、素材。他们往往通过题壁寺院的方式传播诗作，促进了奉和应制诗和题壁诗的发展，有唐一代近二百位诗人曾在寺院作题壁诗。②长安的章敬寺、慈恩寺、西明寺、大荐福寺、青龙寺、敬爱寺等大寺均有题壁诗。题壁诗的诗人身份多样，涉及皇帝、贵族、士人、僧人、女性多个层面，有几百人之多，可见当时题壁寺院已成为一种风尚。寺院的建筑和园林为文学名士表达才情提供了空间。题壁诗有着文化传播价值，好诗或者有名诗人的诗歌往往很快被传颂开来。《唐人轶事汇编》卷十六"第八元"中记载到：

---

① （清）彭定求等编：《全唐诗》，中州古籍出版社 2008 年版，第 1466 页。

② 根据王欣的研究，佛寺题壁诗共 434 首，题壁作者 184 人，其中包含少量联句、残句、残诗、四言偈以及五代时期的诗作。具体参见王欣：《唐代佛寺题壁诗研究》，天津师范大学 2019 年硕士学位论文，第 9 页。

长安慈恩寺浮图，起开元至大和之岁，举子前名登游题纪者众矣。文宗朝，元稹、白居易、刘禹锡唱和千百首，传于京师，诵者称美。凡所至寺观台阁林亭，或歌或咏之处，向来名公诗板潜自撤之，盖有愧于数公之咏也。[①]

白居易也曾在慈恩寺题诗，对自己年少及第颇为自信，"慈恩塔下题名处，十七人中最少年"[②]。除了慈恩寺，《太平广记》卷一百八十二还记载及第后进士在西明寺题诗，"苗台符六岁能属文，聪悟无比；十余岁博览群籍，著《皇心》三十卷。年十六及第。张读亦幼擅辞赋，年十八及第。同年进士，同佐郑薰少师宣州幕。二人常列题于西明寺东廊"[③]。曾在西明寺题诗的诗人还有元稹、温庭筠、李洞等。《唐诗纪事》记载题壁诗被迅速传颂开来的一则例子："长安三月十五日，两街看牡丹甚盛。慈恩寺元果院花最先开，太平院开最后。浟作《白牡丹诗》题壁间。太和中，驾幸此寺，吟玩之久，因令宫嫔讽念。及暮归，则此诗满六宫矣。"[④]徐夤曾写到"灯前不动惟金像，壁上曾题

① 周勋初主编：《唐人轶事汇编》，上海古籍出版社 2006 版，第 640 页。

② （五代）王定保撰，阳羡生校点：《唐摭言》，上海古籍出版社 2018 年版，第 28 页。

③ （宋）李昉等编：《太平广记》卷一百八十二，中华书局 1961 年版，第 1357 页。

④ （宋）计有功：《唐诗纪事》，上海古籍出版社 1987 年版，第 786 页。

尽古人"题诗寺院墙壁。[1] 可见题壁诗在当时已成为一种风尚，并且影响颇为深远。

大荐福寺也时常会有皇帝、名士前来题诗。德宗在贞元七年（791）七月，"幸章敬寺，赋诗九韵，皇太子与群臣毕和，题之寺壁"[2]。寺庙也经常成为士人会面的场所。"元和九年春，张又新始成名与同恩生期于荐福寺"[3]，此记载又见于明代高元睿的《茶乘》。文士们时常在长安寺院游园赋诗。天宝二年（743），王维、王绪、裴迪、王昌龄同游青龙寺，并吟咏赋诗。王维《青龙寺昙壁上人兄院集并序》记载其与王昌龄、王缙、裴迪等共同去青龙寺游赏，并且描绘了青龙寺的芙蓉池、竹林果园，风景清凉秀美。[4] 天宝十二年（753）前后，杜甫、高适、岑参、薛据、储光羲在慈恩寺登塔赋诗。唐代游寺诗、奉和应制诗歌中多有对寺院风景的描绘。

唐代长安寺院园林丰富了文人的精神文化生活，他们在寺院弹琴作画、饮茶观景，身心放松愉悦。长安寺院为文士提供了创作场地，启发了他们的创作思路。优雅多姿、静谧怡人的园林艺术促进了唐代诗歌文学的欣欣向荣。

---

① （清）彭定求等编：《全唐诗》，中州古籍出版社 2008 年版，第 4197 页。

② （后晋）刘昫等撰：《旧唐书》卷十三《德宗纪》，中华书局 1975 年版，第 372 页。

③ （宋）李昉等编：《太平广记》卷三百九十九，中华书局 1961 年版，第 3201 页。

④ （唐）王维著，（清）赵殿成笺注：《王右丞集笺注》，中华书局 1961 年版，第 214 页。

（二）唐代长安寺院壁画与唐诗

唐代长安大寺是佛教文化的集中表现者，传播佛教信仰、教化众生是其首要任务。寺院往往通过绘画作品使信众陶醉在佛教文化气韵中。张彦远（815-875）的《历代名画记》卷三《两京寺观等画壁》记载了当时在西京长安和洛阳寺院道观中的绘画作品及画家。根据该书记载，当时能够在寺院作画的多是名画家。仅"记两京外州寺观壁画"就列出大荐福寺、慈恩寺、兴善寺、龙兴寺等44座寺院的壁画，均出自阎立本、尉迟乙僧、张孝师、范长寿等名家之手。唐代长安佛教寺院壁画作品在类型上大致可分为宗教类和非宗教类两大类。前者以释仪像和诸经变为创作主题，释仪像主要有佛、释天、梵天、帝释天、普贤菩萨、文殊师利菩萨、罗汉、天王、释梵天女、乐天等等。经变画是长安佛教寺院壁画创作的大宗，计有本行经变、涅槃变、降魔变、地狱变、法华太子变、净土变、维摩诘变、西方变、大悲度变等等。① 尽管唐代长安佛教寺院非宗教类壁画并非以寺院创作为宗旨，但其涉及的创作题材却极为广泛。这类壁画由于脱离了宗教思想束缚，因而在创作上展现出更多的审美内容。

现代学者从不同角度探讨了唐代长安寺院壁画情况。齐宏艳的专文谈到唐代三百年的历史背景中，佛教壁画创作经

---

① 王光照：《唐代长安佛教寺院壁画》，《敦煌学辑刊》1993 年第 1 期，第78 页。

历了三个时期，包括初唐近百年的平缓发展期，盛、中唐百余年的鼎盛发展期，晚唐近百年创作开始式微的转化发展期。长安佛教寺院壁画主要集中在大荐福寺、兴唐寺、慈恩寺、青龙寺、千福寺等大寺。① 王光照从总体上介绍唐代长安寺院壁画分为宗教类和非宗教类，宗教壁画一般画在大殿的东西两壁及堂、院等主要壁位上，当时著名画家阎立本、尉迟乙僧、吴道子等努力将唐代佛教寺院壁画推向了风格突破和超迈传统的创造性发展状态。② 徐志君从唐代长安大寺的壁画创作群体的角度探讨唐代长安寺院艺术，慈恩寺壁画创作的宫廷画家群体可分为三类，包括以阎立本兄弟为代表的少府创作群体，以吴道子为代表的翰林院画家群体，及以尉迟乙僧为代表的外来画家群体，各群体形成的渊源和艺术特征各有不同。③《尉迟乙僧创制慈恩寺千钵文殊壁画之蠡测》作者分析了尉迟乙僧在长安慈恩寺创制的中土最早的千钵文殊壁画情况。④

慈恩寺、西明寺、大荐福寺等大寺壁画极为出色，是名副其实的唐代文化艺术精髓。大荐福寺除了有武则天书额外，名

---

① 齐宏艳：《隋唐长安佛寺壁画研究》，《美与时代（上）》2013 年第 3 期，第 39—41 页。

② 王光照：《试论唐代佛教寺院壁画的历史分期》，《阜阳师范学院学报（社会科学版）》1997 年第 3 期，第 46—54 页。

③ 徐志君：《慈恩寺壁画中的唐代宫廷画家创作群体论》，《南通大学学报（社会科学版）》2018 第 3 期，第 113—118 页。

④ 马新广、刘晓娜：《尉迟乙僧创制慈恩寺千钵文殊壁画之蠡测》，《宝鸡文理学院学报（社会科学版）》2018 年第 1 期，第 52—58 页。

画家吴道子、张璪、毕宏都在寺院留有绘画。吴道子擅长绘佛
教画，曾在慈恩寺塔前画《文殊》《普贤》像及西面庑下画《降
魔》变相。吴道子的画曾引起轰动，"当时坊市老幼，日数百人，
竞候观之"[①]。此外，吴道子还在兴唐寺的三门楼下画《神》，在
此南廊画了《金刚经变》和《郗后》等，在安国寺东车门、东
壁，北院画《神》两壁，三门东西两壁画《释天》等，殿内画
《维摩变》，西壁画《西方变》等。[②] 在资圣寺中门窗间吴道子
画《高僧》。白居易曾在《游悟真寺诗》中对吴道子的佛寺壁
画赞赏到："粉壁有吴画，笔彩依旧鲜。"[③] 尉迟乙僧是西域画家，
尤为擅长画佛像。文人画家王维的寺院壁画分布在长安城大慈
恩寺、千福寺，长安城外的多所寺院也有他的作品。他曾为千
福寺绘过两面影壁，"画青枫树一图。……复画《辋川图》"[④]。
慈恩寺东院王维、毕庶子、郑广文的三幅壁画被称为"三绝"[⑤]。
唐代长安寺院壁画的创作者既有专业画家，如上面述及的吴道
子、尉迟乙僧、阎立本、张立、郑虔、隐峦、贯休等人，也有
如王维、柳宗元、薛稷这般的文人画家。

　　寺院高大的建筑、幽邃雅静的园林艺术、高超的书画艺术

---

　　① （宋）李昉等编：《太平广记》卷二百一十二，1961 年版，第 1622 页。

　　② （唐）张彦远著，朱和平注译：《历代名画记》，中州古籍出版社 2016 年版。

　　③ （清）彭定求等编：《全唐诗》，中州古籍出版社 2008 年版，第 2164 页。

　　④ （唐）朱景玄撰，温肇桐注：《唐朝名画录》，四川美术出版社 1985 年版，第 16 页。

　　⑤ （唐）朱景玄撰，温肇桐注：《唐朝名画录》，四川美术出版社 1985 年版，第 16 页。

为士人创造了一个多向度的文化世界。士人们在寺院中接受艺术熏陶，激发创作欲望。结伴游赏寺院壁画成为文人们的重要文化活动。韩愈的《山石》就曾写到，"僧言古壁佛画好，以火来照所见稀"①。段成式曾游览慈恩寺、大兴善寺、资圣寺等十几所寺院。温庭筠《题西明寺僧院》中写到，"曾识匡山远法师，低松片石对前墀。为寻名画来过院，因访闲人得看棋"②，可见作者是专程来西明寺观看壁画的。佛教壁画也对诗人的创作、审美视域产生了启发和影响。诗人将寺院壁画和诗歌两种艺术形式连接在一起，寺院壁画作为题材和内容，吸收进诗人的创作中，开阔了唐代诗人的创作意旨。根据学者研究统计，从初盛唐到中晚唐，诗人对佛寺壁画的关注显著增加。③唐人诗歌散文中有多首与壁画相关的诗作，描摹观看寺院壁画时的独特感受和壁画的艺术感染力，由此窥见唐代文人游赏壁画成为一种风尚。韩愈诗篇中诡怪的描述与寺院壁画有直接关系，他的诗歌《游青龙寺赠崔大补阙》《山石》等对寺院壁画怪诞之处做了详细的描述。从初唐的王勃、岑参，到李白、杜甫、柳宗元、刘禹锡、李商隐、温庭筠等大诗人均有描绘壁画的诗作流传。有学者提出，唐代寺院壁画影响到杜甫、李贺以及李商隐的诗歌创作。④

---

① （清）彭定求等编：《全唐诗》，中州古籍出版社 2008 年版，第 1714 页。

② （清）彭定求等编：《全唐诗》，中州古籍出版社 2008 年版，第 3509 页。

③ 贾晓峰，闫建阁：《论唐宋佛寺壁画诗之演进》，《太原师范学院学报（社会科学版）》2019 年第 5 期，第 16 页。

④ 陈允吉：《论唐代寺庙壁画对韩愈诗歌的影响》，《复旦学报（社会科学版）》1983 年第 1 期，第 72—80 页。

　　僧人与士人之间在寺院中经常进行谈经、饮茶、论诗、赏画等文化活动。在寺院园林之中，文士创作的诗歌也必然受到佛教思想的诸多影响，如白居易与兴善寺高僧惟宽有师徒之谊，多次来寺院向惟宽求教，"白乐天为宫赞时遇宽，四诣法堂，每来垂一问，宽答如流，白君以师事之"①。这种深入的交往不免会对白居易的信仰、思想和诗歌创作产生影响。大寺中有多位擅长诗文创作的僧人，如有"法将"之誉的大安国寺僧彻，"彻极多著述，碑颂歌诗"②。大兴善寺的复礼"游心内典，兼博玄儒，尤工赋咏，善于著述，俗流名士皆慕仰之"③。除了文学上的彼此影响外，有些僧人擅长烹茶、对弈、抚琴、作画、书法等。长安大寺僧侣烹茶是日常生活的重要内容，唐诗中也多有记载，如贯休写到"铁盂汤雪早，石炭煮茶迟"④。李中《夏日书依上人壁》记载了在寺院煮茶喝茶的情形："最怜煮茗相留处，疏竹当轩一榻风。"⑤

（三）余论

　　唐代大寺如大荐福寺、兴善寺、慈恩寺等除了是佛教信仰中心外，也是园林和绘画艺术的有形载体。这些因子共同构建了唐代大寺氤氲怡人的空间环境和文化气韵，唐代大寺成为集

---

① （宋）赞宁撰，范祥雍点校：《宋高僧传》，中华书局 1987 年版，第 228 页。
② （宋）赞宁撰，范祥雍点校：《宋高僧传》，中华书局 1987 年版，第 134 页。
③ （宋）赞宁撰，范祥雍点校：《宋高僧传》，中华书局 1987 年版，第 412 页。
④ （清）彭定求等编：《全唐诗》，中州古籍出版社 2008 年版，第 4197 页。
⑤ （清）彭定求等编：《全唐诗》，中州古籍出版社 2008 年版，第 3825 页。

宗教和世俗文化于一体的场所，其园林艺术、壁画艺术等文化底蕴对士人有着强烈吸引力，滋养了他们的精神世界。士人游赏寺院、观赏壁画、寓居寺院，与僧人交流唱和成为他们日常精神生活的重要内容。这些大寺的园林景观为文学创作提供了丰富的写作素材，成为唐诗创作的对象，为诗人诗歌创作提供了背景和主题。正如李芳民所述："唐代的诗人，不论其人生态度与信仰有何不同，却大都喜欢漫游、寓居佛寺。可以说，游居寺院在唐代诗人中已形成了一种带有普遍性的习尚，并且对他们的精神文化生活与诗歌创作产生了深刻的影响。"[①] 寄情山水的思想影响及于文学艺术，促成了中国古代山水文学、山水画的产生发展。中国的山水文学包括诗、词、散文、题刻、匾联等，其中，诗与散文为主流，诗又可分为游赏寺院的题壁诗和游寺诗。

除了寺院雅致的外在环境，长安大寺很多僧人不独佛学水平高超，而且深谙儒学、诗歌、书画、茶道、音律等，如大荐福寺大德高闲书法水平超迈。这些拥有精湛艺能的诗人被称之为"艺僧"[②]。贯休擅长篆隶，怀素更是以草书闻名，一行则擅长阴阳历法。这些艺僧兼具宗教家和艺术家的双重特点，对唐代文化艺术做出了独特贡献。僧人与士人彼此在文化上经历了

---

① 李芳民：《唐五代佛寺辑考》，商务印书馆 2006 年版，第 308—309 页。

② 施光明：《论唐代艺僧》，《唐都学刊》1988 年第 4 期刊，第 56—58 页。关于艺僧的讨论，在学界主要见于施光明先生的文章，如作者在文章中所言，艺僧包括学问僧、艺术僧、杂技僧，总之凡有所擅长的均可归之为艺僧，文章还具体将艺僧分为诗僧、文僧、儒僧、琴棋僧、书僧、画僧、术僧和杂技僧。

熏陶、互鉴、接受、融通的过程。这种影响从"远访山中客，分泉漫煮茶"①、游历寺院这种具体交往到文学艺术上的交互感染、思想层面的彼此影响。游历寺院在唐代已成为文人名士的生活方式之一，这必然促进士人与佛教徒的交流、容受，也促进了诗僧群体的产生。唐代佛门释子中擅长诗文创作的有灵一、皎然、齐已等多位。长安寺院所在之地多风景雅致，高僧、文士、权贵乃至皇帝皆慕名而至，云集寺院，"他们之间相互酬赠，形成了一个以名寺（名山）、名僧（多为诗僧）为中心，以诗为中介的交往圈"②。唐代长安大寺除作为信仰中心外，同时兼为教育、艺术、世俗文化传播中心，客观上发挥着引领唐代文化发展的作用。

第三节　庙会与戏场——一个唐代长安大寺的世俗化路径

唐代城市经济的快速发展，促进了唐代舞蹈、音乐、雕塑等艺术形式的繁荣。城市经济也给市民社会带来了显著变化。唐宋时期城市社会发展变化的最重要和最显著的特征之

---

① （清）彭定求等编：《全唐诗》，中州古籍出版社 2008 年版，第 1397 页。

② 查明昊：《唐代诗僧文化的几个问题》，《皖西学院学报》2001 年第 4 期，第 40 页。

一是从以官僚士大夫为主体的士人社会向以普通居民为主体
的市民社会过渡。①这导致唐代社会公共空间的使用发生变化。
唐代长安大寺是这种社会空间的具体承载者。长安东西两市
是繁华区的中心，其中的街道、市区、寺观等具有社会公共
空间的属性。②这些公共空间经常举办各种性质的活动。节日
期间寺院往往人流交织，从王公贵族至普通百姓都有机会游
赏寺院，参与寺院举办的庙会、赏花等活动。这些活动促使
寺院成为文化艺术、社会活动的公共文化中心。

　　长安大寺有前代遗留的，也有贵族舍宅为寺改建成的。
唐代长安寺院可以说是"生活之都"③，唐代人们的生命张力
得以进一步彰显，人们注重对精神世界的追求，而生命力张
扬奔放的唐代人长于音乐、舞蹈、文学创作等艺术活动。唐
朝官方举办或组织的很多活动都与佛教关系密切，如迎佛骨、
正月灯会、祈雨祈雪等，寺院在各种活动中经常举办戏场和
庙会。大慈恩寺和大荐福寺等寺院除了作为宗教信仰场所、
作为园林供游览之外，还因举办老幼咸宜的"戏场"、俗讲而
为普通民众所喜爱。中晚唐时，佛教世俗化进一步加剧，作

---

① 宁欣：《从士人社会到市民社会——以都城社会的考察为中心》，《文史哲》
2009 年第 6 期，第 104 页。对于唐代长安庙会和戏场的相关成果，具体可参见宁
欣教授在论文脚注中的阐述。

② 关于唐代公共空间的研究成果可参见宁欣：《街：城市社会的舞台——以
唐长安城为中心》，《文史哲》2006 年第 4 期，第 79—86 页；宁欣：《唐宋城市社会
公共空间形成的再探讨》，《中国史研究》2011 第 2 期，第 77—89 页。

③ ［日］妹尾达彦：《长安の都市计画》第三章《住民が、长安を生活の都に
变えた———宇宙の都から生活の都へ》，讲谈社 2001 年版，第 176—214 页。

为唐代大寺代表的大荐福寺逐渐演变为带有佛教色彩的民间文化活动中心。武宗毁佛后，虽然很多大寺不复存在，俗讲活动却仍然在大荐福寺等七寺中开展。诗人韩偓曾撰诗谈及自己参加过的大荐福寺讲筵活动。

唐代长安庙会、戏场的研究一直颇受关注，研究成果迭出。滑天稽辨析了"庙会""庙市""赶会"的区别，提出寺院的庙会可以娱乐和进行经济贸易，具备场和市的特点与功能。[①] 王永平的《唐代长安的庙会与戏场——兼论中古时期庙会与戏场的起源及其结合》一文勾勒了长安慈恩寺等寺院庙会与戏场情况，提出二者的结合是中古时期宗教活动世俗化的发展趋势。[②] 宁欣的《唐代长安的城市建设与管理》提出随着市民阶层的成长，他们通过多种形式提出诉求，民众公共文化娱乐需求增加，唐代城市公共空间需求的扩大。[③] 牛晓丹的《唐宋时期庙会研究》对唐宋时期庙会的地域分布进行了计量统计，提出唐至宋庙会的内容包括了宗教祭祀、文化娱乐、商业贸易，宗教活动不断世俗化、文娱活动多元化、商贸活动专业化，其原因与民众的心理需求、水陆交通便利和奢侈享乐的社会风气有关系。[④] 张天虹在《从"市"到"场"——唐代长安庙会的兴起与坊市

---

① 滑天稽：《庙会庙市赶会》，《民俗研究》1994 年第 1 期，第 88 页。

② 王永平：《唐代长安的庙会与戏场——兼论中古时期庙会与戏场的起源及其结合》，《河北学刊》2008 年第 6 期，第 72—78 页。

③ 宁欣：《唐代长安的城市建设与管理》，《人民论坛》2020 第 Z1 期，第 166—168 页。

④ 牛晓丹：《唐宋时期庙会研究》，河南大学 2012 年硕士学位论文。

制度的破坏》一文具体论述了唐代寺观和道观周围形成了一系列时间和地点相对固定的庙会，提供了一种新的经济交易形式，在唐后期逐渐成为开放性经济交流场所，促进了中古都城布局从坊市到街市的变化。[①] 这些成果从不同角度探讨了唐代长安寺院宗教传播之外的功能属性，如文化传播、娱乐活动、经济功能，这些功能的扩展对唐代社会的发展发挥了不可忽视的作用。

　　唐代长安大寺的庙会活动萌芽于汉代，形成于唐代，定制于宋代，鼎盛于明清时期。庙会的出现与寺庙、道观有密切的关系。唐代长安有相对固定的节日性庙会和不确定性的临时性庙会。[②] 庙会一般多在寺庙节日或者规定日期举行，寺庙举行法事、斋会、祭祀等活动，同时出现民众的娱乐活动，二者相结合便产生了庙会的形式。庙会举办地点也在寺庙内或者附近。[③] 对于庙会或庙市的概念，很多学者撰文进行了深入探讨，本文不作区分，统一在文中使用庙会这一概念。唐以前，中国实行严密封闭的坊市制度，类似于棋盘式的割据制。唐后期，在庙会等影响下这种形制被打破，转而变为更为开阔的街市空

　　① 张天虹：《从"市"到"场"——唐代长安庙会的兴起与坊市制度的破坏》，《首都师范大学学报（社会科学版）》2010年第6期，第30—37页。

　　② 王永平：《唐代长安的庙会与戏场——兼论中古时期庙会与戏场的起源及其结合》，《河北学刊》2008年第6期，第75页。

　　③ 上海辞书出版社编辑：《辞海·经济分册》，上海辞书出版社1978年版，第389页。

间布局。① 这种格局形式的变化客观上促进了庙会活动的昌盛。寺院宗教活动的繁盛推动了庙会的发展，寺院的宗教活动也不断世俗化。唐宋时期是庙会发展的重要时期。唐代长安大寺丰富多样的宗教活动推动了庙会文化迅速发展，唐代庙会活动内容丰富，五代时期庙会得到进一步发展。根据学者的研究成果我们可获知，唐代长安总计 17 座寺观曾举办庙会活动。有确切时间记载的是法门寺、保唐寺、菩提寺、崇圣寺、大荐福寺和兴福寺等 6 个寺院。庙会时间不详的寺庙有慈恩寺、青龙寺、荐福寺、永寿寺、玉华寺、招福寺、景公寺、会昌寺、惠日寺、庄严寺和龙兴观等 11 个。可见唐代庙会的分布很不均衡。经济发达、交通便利、人口稠密的都城长安是庙会的集中之处。②唐代长安庙会活动内容迥异。牛晓丹对长安庙会的内容做了总结，根据她的统计长安庙会可具体分为举办斋会的法门寺无遮会，崇圣寺、大荐福寺、庄严寺和兴福寺的佛牙会；俗讲有保唐寺的尼讲，景公寺、会昌寺、惠日寺和菩提的俗讲；戏剧和伎乐演出的寺院 6 个，分别是慈恩寺、青龙寺、大荐福寺和永寿寺的戏剧，以及玉华寺、招福寺的伎乐演出。长安大荐福寺在三月八日至十五日举行佛牙会。③

　　唐代长安开设戏场的大寺一般都位于朱雀街街东区，寺庙

---

　　① 牛晓丹：《唐宋时期庙会研究》，河南大学 2012 年硕士学位论文，第 1 页。

　　② 牛晓丹：《唐宋时期庙会研究》，河南大学 2012 年硕士学位论文，第 14—15 页。

　　③ ［日］圆仁撰，顾承甫、何泉达校：《入唐求法巡礼行记》卷三，广西师范大学出版社 2007 年版，第 125 页。

在坊中的位置一般都靠坊外街道，没有形成固定的戏班。① 寺院中的演戏活动日益成为社会文化生活不可或缺的内容。任半塘先生的《唐戏弄》介绍了唐代"戏场"乃兼容戏剧、百戏、杂伎三类，并有露天与室内之别。② 对于戏场，费长房在《历代三宝记》卷十二中解释道："譬如园场则五果百谷，戏场则歌舞音乐，……"③ 由此可知，戏场指音乐歌舞一类的表演。"唐寺设有戏场，乃沿北朝之旧。"④ 张弓先生则认为，寺庙的伎乐供养主要是自娱。长安的慈恩寺、青龙寺、大荐福寺和永寿寺以及玉华寺、招福寺均有伎乐演出。⑤ 大荐福寺是长安城中著名的戏场之一。宋代钱易的《南部新书》戊卷记载："长安戏场多集中于慈恩，小者在青龙，其次荐福、永寿。尼讲盛于保国，名德聚之安国，……"⑥《南部新书》记载之事为大中以后，因此可以推测晚唐时期荐福寺设有戏场。唐后期，戏场、俗讲等是较为长期固定的平民娱乐活动。一些平时很少有机会外出的妓女也能够出来听俗讲。《北里志》记载："诸妓以出里艰难，每南街保唐寺有讲席，多以四月之八日，相牵率听焉。"⑦《太平

---

① 宁欣：《唐宋城市社会公共空间形成的再探讨》，《中国史研究》2011 第 2 期，第 77—89 页。

② 任半塘：《唐戏弄》，上海古籍出版社 1984 年版。

③ （唐）费长房：《历代三宝记》卷十二，《大正藏》49 册，第 106 页中栏。

④ 任半塘：《唐戏弄》，上海古籍出版社 1984 年版，第 963—966 页。

⑤ ［日］圆仁撰，顾承甫、何泉达校：《入唐求法巡礼行记》，广西师范大学出版社 2007 年版，第 119、137 页。

⑥ （宋）钱易撰，黄寿成点校：《南部新书》，中华书局 2002 年版，第 67 页。

⑦ （唐）孙棨撰：《北里志》，清香艳丛书本，第 4 页。

广记》记载："章仇兼琼镇蜀日，佛寺设大会，百戏在庭"。[1]

随着佛教的进一步传播，世俗化教育在隋唐两代十分普遍。唐代佛教寺庙设有戏场的地方一般都会有俗讲。一般民众接受教育的机会大大提升，而佛寺作为具有开放性的公共文化场所，其教育功能便促使普通民众获得接受文化教育的权利。在世俗化佛教教育中，最为通俗的教育方式就是俗讲。俗讲是一种专为俗人开设的授课方式，不作佛教教义的深刻讨论，而是用通俗易懂的语言和生动形象的故事向世人讲述佛教经典和教义，有时俗讲还通过歌唱的形式来进行，吸引了广大百姓的目光。所以说，俗讲是普通百姓了解和学习佛教文化的最好方式。姚合的《听僧云端讲经》对当时俗讲的情景做出这样的描写："无生深旨诚难解，唯有师言得正真。远近持斋来谛听，酒坊鱼市尽无人。"[2] 由此可见，俗讲在当时的兴盛程度。同时，一些普通百姓并不是带着学习佛教文化的目的参与其中，而是被其丰富生动的教学方式吸引了大批百姓的加入，这也使俗讲成为当时社会文化娱乐活动重要组成部分。[3] 寺院游春赏花、围棋、挑鞠、打球、看戏、参加庙会等已经成为城市居民普遍习俗。庙会等活动的举办，促进了城市人口的流动，庙会、戏场等活动渐渐成为经济交流活动。因此，经济活动也逐渐由市向坊推进。

---

[1] （宋）李昉等编：《太平广记》卷三百五十六，中华书局1961年版，第2818页。

[2] （清）彭定求等编：《全唐诗》，中州古籍出版社2008年版，第2595页。

[3] 尹姗姗：《佛教寺院与隋唐长安城市布局》，辽宁大学2012年硕士学位论文，第39页。

　　寺院成为唐代传播世俗文化最重要的载体，唐代长安佛教寺庙的文化娱乐活动包括题诗、围棋、绘画、雕塑、饮茶等。寺院的戏场和庙会是寺院文化娱乐功能的具体体现。上至达官贵族，下至普通百姓都通过寺院的娱乐活动获得了精神上的愉悦和舒展。唐代中后期，士大夫和文人成为封建城市文化创造的引导者，他们的艺术和审美取向影响了唐代市民文化的发展。唐代长安寺院无形中也成为市民文化中心和文化发展的集散地，促进了市民阶层的出现，为市民阶层的发展提供了文化上的土壤和供给。市民阶层参与寺院、道观举办的法事、斋会等活动以及俗讲、表演等文化活动，逐渐形成了庙市。"长安城里的寺院、道观开场，聚集人群，从而进行物资交流，这不仅促进了街区的繁荣，而且推动了唐代都城庙市的最初发展。"①

---

　　① 张天虹:《龙兴观开场与唐中后期长安城内的物资交流》,《东岳论丛》2008 年第 2 期，第 155 页。

第四章

唐代长安寺院藏书与寺学
——以大荐福寺为核心

隋唐时期是寺院藏书的鼎盛期，具有鲜明的文化品格，与官府藏书、私家藏书和书院藏书构成了我国古代图书事业的主体。佛教寺院有相对的稳定性，政治风波、战争、朝代更迭等事件对其干扰较小，因此寺院无疑成为存储、收藏、保存各类书籍的绝佳场所。唐代大寺一般多藏有丰富的图书，寺院藏书的规模和种类都达到了前所未有的高度。唐代寺院承继了佛教的翻译典籍和著述，也收藏了儒家、道教、文学及其他与世俗生活相关的各种外典。这对寺院教育，尤其是寺学的建立和可持续发展非常重要。寺院藏书为寺院教育提供了资源保障，推动了寺院教育发展。

第一节　唐代长安寺院藏书钩沉

（一）唐代长安寺院藏书举隅

唐代长安地区寺院二百余所，兰若、精舍、佛堂遍布坊市。长安集佛教宗派建立中心、佛教经典翻译中心、高僧汇集的宗教交流中心、佛教世俗化教育中心以及市民文化娱乐中心于一身。唐代长安寺院林立，藏经之所众多，有些寺庙甚至因丰富的藏书而极具历史影响。汤用彤先生曾指出，"唐代藏经之所，想遍天下"，西明寺、庐山东林寺是唐代最有名的寺院藏书。[①]

佛教寺院藏书类型大体可分为两类，即所谓的"内典"和"外典"。内典主要指各种类型的佛典，具体包括三藏类（原典翻译类），含译师翻译的各类佛典、寺院所藏但未及翻译的佛典；注释类，含僧人对佛典和论典的著疏；编撰类，僧人编撰的著述，含僧人编集的书、撰写的非注释类文章；寺院各类文书，含寺院宗教活动的各类文书，寺院经济类文书等。外典主要指儒家、道家、诗歌、书法、绘画、小说、蒙学、僧人诗文集等不同主题的书籍，如白居易曾将自己的文集送到寺院收藏。从语言类型分，中国古代寺院藏书也有汉语、梵语、藏语以及其他不同语言类型典籍。唐代名寺耸立，声名远播的慈恩寺、西明寺、香积寺、弘福寺、大荐福寺等均藏有种类不同、数量庞大的佛典和世俗典籍。

1. 西明寺

西明寺于高宗显庆三年（658）建成，寺址位于延康坊西南隅濮王李泰故宅（今西安太白北路西南），占地面积为半坊。直至晚唐，西明寺一直声誉隆盛，会昌灭佛时也未动其根基。[②]

唐代寺院藏书依然沿袭前代，以大藏经为核心，并以手抄佛经为主。西明寺是唐代佛教典籍法定藏库。显庆年间，西明寺御造藏经，藏于西明寺菩提院东阁，号称"一切经"。这批御

---

① 汤用彤：《隋唐佛教史稿》，武汉大学出版社 2008 年版，第 98 页。

② 西明寺历史沿革、创立、得名的相关考证，请参见罗小红：《唐长安西明寺考》，《考古与文物》2006 年第 2 期，第 76—80 页。

造经藏是唐代最早，也是最丰富的佛教典藏。道宣曾为西明寺藏作序，并根据寺中藏经目录编撰成《京师西明寺录》三卷。后，他又以此为蓝本编撰成《大唐内典录》十卷。依据《大唐内典录》可了解西明寺藏书的数目和内容。后御造经藏以及陆续翻译出来的佛经官定颁行天下，不断补入西明藏。①般若译的《四十华严》中记载："手自书写此新译经，填续西明寺菩提院东阁一切经胝本。"②贞元年间，西明寺僧圆照在此基础上补充编订《贞元新定释教目录》。③西明寺也是唐代长安三大译场之一，重要的翻译家有善无畏、道世、慧琳等。善无畏在此翻译了《虚空藏求闻持法》。西明寺译经院很可能也是佛典的藏地。

西明寺因译经人才济济，藏典丰富，学术氛围浓郁，因而不断产生影响深广的佛教义学思想。西明寺良好的书写空间和浓烈的学术氛围，对僧人撰述裨益良多。唐代重要的目录学家多产生于西明寺。道宣的《大唐内典录》《广弘明集》《集古今佛道论衡》、怀素的《四分律开宗记》、道世的《法苑珠林》、慧琳的《一切经要义》、圆照的《贞元新定释教目录》等几部重要唐代佛教史、目录、音韵学典籍均诞生于西明寺。

佛教对待外典多采取容留的态度，视之为辅教之书。很多僧人的个人著述也会涉猎世俗典籍。《广弘明集》卷二十记载，道世"爱以英博，召居西明，遂以五部余闲，三藏遍览，以代

---

① 受《历代三宝记》《大唐内典录》的影响，大藏经不收录中国僧人撰著，唐代初期的几部手写大藏经遵循此收录原则，但西明藏除外。

② （唐）般若:《大方广佛华严经》卷四十，《大正藏》第10册，第849页上栏。

③ 罗小红:《唐长安西明寺考》,《考古与文物》2006年第1期，第76—80页。

制作多人。虽雅趣佳词无足于博记，所以搴文囿之菁华，嗅大义之瞻卜。以类编录，号曰《法苑珠林》"①。可见，道世的作品中有抄写小说的可能。西明寺也逐渐成为唐代佛教学术中心之一，并形成了"长安西明寺智慧体系"。

2. 大慈恩寺

大慈恩寺创建于唐太宗贞观二十二年（648），太子李治为追念母亲文德皇后所建。唐贞观元年至宪宗元年时期，国家对译经给予了持续支持。大慈恩寺著名译师有玄奘②、窥基、法宝等人。唐朝建立了严格的翻译程序和翻译制度③。玄奘法师回国

---

① （唐）道宣撰：《广弘明集》卷二十，《大正藏》第 52 册，第 246 页下栏。

② 关于玄奘法师的生平，可参见《续高僧传》卷四的《玄奘传》、《旧唐书》的《方伎列传·玄奘传》、慧立、彦悰的《大唐大慈恩寺三藏法师传》、《大唐三教圣教序》、吕澂的《玄奘法师传》等。

③ 《宋高僧传》卷三《唐京师满月传》中对译经程序及其各自职责做了详细的阐述："译场经馆，设官分职，不得闻乎？曰：此务所司，先宗译主，即赍叶书之三藏明练显密二教者充之。次则笔受者，必言通华梵，学综有空，相向委知，然后下笔。西晋伪秦已来，立此员者，即沙门道含、玄颐、姚嵩、聂承远父子。至于帝王，即姚兴、梁武、天后、中宗，或躬执翰，又谓之缀文也。次则度语者，正云译语也，传度转令生解，亦名传语，如翻显识论，沙门战陀译语是也。次则证梵本者，求其量果，密能证知，能诠不差，所显无谬矣。如居士伊舍罗证译毗奈耶梵本是也。至有立证梵义一员，乃明西义得失，贵令华语下不失梵义也。复立证禅义一员，沙门大通充之。次则润文一位，员数不恒，令通内外学者充之，良以笔受其油素，文言岂无俚俗，傥不失于佛意，何妨刊而正之。故义净译场，李峤、韦嗣立、卢藏用等二十余人。次文润色也。次则证义，盖证已译文所诠之义也。如译婆沙论，慧嵩、道朗等三百人，考正文义，唐复礼累场充其任焉。次则梵呗，法筵肇启，梵呗前兴，用作先容，令生物善。唐永泰中，方闻此位也。次则校勘，雠对已译之文，隋则彦琮覆疏文义，盖重慎之至也。次则监护大使，后周平高公侯寿为总监检校，唐则房梁公为奘师监护，相次许观、杨慎交、杜行顗等充之，或用僧员，则隋以明穆、昙迁等十人，监掌翻译事，诠定宗旨也。"

后，携带的佛经随之从弘福寺转移至大慈恩寺。大慈恩寺译经院富丽堂皇，组织更加完善，制度更加健全。玄奘法师梵汉汇通，文学修养深厚，开创了佛经"新译"时代。其译笔谨严、忠于原作，文辞斐然可观。吕澂先生认为："因其学力深厚且华梵均通澈，所以能自由运用文字来表达佛理，甚至改动原本。其译文较罗什属于直译，但与法护、义净译典相比又是意译。他还成功地解决了六代以来偶正奇变的问题，参酌梵文钩锁连环的方式，创造了一种精严凝重的风格。"① 玄奘法师为了使梵汉吻合无间，还提出了"五不翻"这一佛典翻译重要理论。② 他总计译出佛经七十五部一千三百三十余卷。因玄奘法师、道宣、道世、慧琳、善无畏等的译经活动，大慈恩寺拥有数目可观的佛典。

大慈恩寺的僧人著疏也极为丰富。窥基被称为百部疏主，著有《无垢称经疏》《金刚般若经论会释》《二十唯识论述记》等佛典、论书著疏。法宝、普光也都为《俱舍论》做过疏文。大慈恩寺的僧人著述也相当多。窥基撰写了《大乘法苑义林章》七卷、《二十七贤圣章》《见道章》《西方要诀释疑通规》《弥陀

① 参见吕澂：《中国佛学源流略讲》，中华书局 1979 年版，第 339—340 页。
② 五不翻通常是指：一、秘密故，如，"陀罗尼"（直言，咒语）。二、含多义故，如，"薄伽"，梵具六义（自在，炽盛，端庄，名称，吉祥，尊贵）。三、此无故，如，"阎浮树"（胜金树），中夏实无此木。四、顺古故，如，"阿耨菩提"（正偏知），非不可翻，而摩腾以来，长存梵音。五、生善故，如，"般若"尊重，"智慧"轻浅；而七迷之作，乃谓"释迦牟尼"，此名"能仁"，"能仁"之义位卑周孔；"阿耨菩提"，名"正偏知"，此土老子之教先有无上正真之道，无以为异；"菩提萨埵"，名"大道心众生"，其明下劣。皆掩而不翻。

通赞示西方要义》等八种。

3. 大荐福寺

大荐福寺，位于唐长安开化坊南半部。唐高宗死后，文明元年（684），武则天为给亡夫祈福亡灵，下令增加二百僧人以充实，初称为"献福寺"。武周天授元年（690），武则天用飞白体亲自题写匾额，改称为"荐福寺"。

自唐中宗重新夺取政权，神龙（705-707）以后大荐福寺成为佛经翻译的重要场所。法藏、义净、实叉难陀等都曾在大荐福寺译经。义净赴印度取经回国后，于中宗神龙二年（706）入居此寺主持译经。义净法师所译佛典以律宗为主，从唐中宗景龙四年（710）至唐睿宗景云二年（711），于长安大荐福寺译出《金光明最胜王经》《称赞如来功德神咒》《能断金刚论颂》《能断金刚般若波罗蜜多经论释》等十二部二十一卷，又于大荐福寺译出《浴像功德经》《毗奈耶杂事二众戒经》《唯识宝生》等二十部佛典。法藏曾担任过大荐福寺寺主，主持翻译佛经，著书立说。金刚智先于大慈恩寺，后在大荐福寺从事译经活动。金刚智在大荐福寺译佛典两部，在华所译佛典凡二十四种，合三十卷。据《历代名画记》记载，大荐福寺应除了净土院、菩提院外，还有译经院。

4. 大兴善寺

大兴善寺初曰遵善寺，占城内靖善坊一坊之地，取城名"大兴"二字，取坊名"善"字。隋代，大兴善寺即被确立为国立译经道场，及至晚唐仍兴盛不衰。

密宗的建立和完成在唐朝，密宗大弘的关键人物是不空。[①]
不空是唐代声誉隆盛的密教大师，开元三大士之一。金刚智教
授他五部灌顶护摩阿阇梨法以及《毗卢遮那经》、苏悉地轨则
等，在肃宗、代宗时期恩典优渥。《宋高僧传》记载不空作法
诵经降服黑风、大鲸，用法力降雨广泽百姓等种种神通灵验之
事。玄宗与不空也交谊深厚，不空曾亲自为玄宗灌顶，为护佑
国泰民安而作法。据《宋高僧传》记载，肃宗时不空即深受
信任，受到特殊的礼遇恩宠。[②] 不空是中国古代四大翻译家之
一。他搜求了五百多部佛教经论于天宝五年（746）携带到长
安。他在代宗朝恩渥弥厚，声誉隆重，并译出了《大圣文殊师
利赞法身礼》《大乘缘生论》《一字顶轮王念诵仪轨》《密严经》
等显密教佛典。代宗亲自为《密严经》作序，举朝庆贺。大臣
禁军使等都曾受不空灌顶。他广敷密藏，上至王公贵胄下至
平民百姓，受法弟子众多[③]。不空一生翻译密宗经典七十七部，
一百二十余卷[④]，受到两代国主的礼遇。在其主导之下，密宗佛
典得到广泛传译。《续高僧传》卷二记载不断有梵文佛典传入
至大兴善寺"新至梵本众部弥多，或经或书，且内且外"[⑤]。

唐代长安规模宏大的寺院藏书较多，其他寺院也藏有
不同种类书籍，如青龙寺、敬爱寺、胜爱寺、清禅寺、弘

---

① 汤用彤：《隋唐佛教史稿》，武汉大学出版社 2008 年版，第 66 页。
② （宋）赞宁撰，范祥雍点校：《宋高僧传》，中华书局 1987 年版，第 6—10 页。
③ （宋）赞宁撰，范祥雍点校：《宋高僧传》，中华书局 1987 年版，第 6—12 页。
④ 汤用彤：《隋唐佛教史稿》，武汉大学出版社 2008 年版，第 67 页。
⑤ （唐）道宣撰，郭绍林点校：《续高僧传》，中华书局 2014 年版，第 40 页。

福寺等。敬爱寺藏有各种典籍，包括写旧经论七百四十一部，二千七百三十一卷，大唐三藏法师新译经论七十五部，一千三百三十五卷，合新旧八百一十六部，四千六十六卷入藏。

（二）唐代长安寺院藏书之成因

　　唐代长安寺院藏书之兴盛与诸多要素有关，佛典传译促进了藏经收藏，僧人对世俗文献的学习也促进了寺院藏书的扩展，而作为文化和教育中心的寺院也需要相应藏书以保障其文化功能的实现。

　　佛典传译的兴盛促使寺院积累大量藏书。佛教自东汉传入伊始，佛典汉译即徐徐揭开了历史大幕，成为人类文化史上的华丽篇章。佛典汉译肇始于后汉，南北朝时期不断成熟，隋唐译典数量达到全盛，宋元以降接近尾声。这是佛典汉译大致历史脉络①。在唐贞观元年（627）至元和元年（806），国家对译

---

　　① 关于佛典传译的历史分期，梁启超先生主张为三期：东汉至西晋为第一期，东晋南北朝（南北朝到隋为第二期的后期）为第二期，唐贞观至贞元为第三期。参见：梁启超：《佛学研究十八篇》，岳麓书社 2001 年版，第 181—191 页。吕澂先生认为，中国的佛典翻译历史东汉末至西晋为一时期，东晋为一时期，六朝以来为一时期（吕澂：《佛典泛论》，商务印书馆 1925 年版，第 13 页）。学者王铁均将中国佛典翻译的历史分为汉魏时期、两晋南北朝时期、隋唐时期、宋元时期、明清时期（王铁均：《中国佛典翻译史稿》，中央编译出版社 2006 年版）。学者魏承思将汉译佛典历史分为：东汉至西晋为探索时期，东晋至隋代为兴盛时期，唐代为成熟时期（魏承思：《中国佛教文化论稿》，上海人民出版社 1991 年版，第 38—54 页）。

经给予了足够的保障支持。佛典译业由国家主持，取得了总结性业绩，译文质优、译者和翻译制度详备。唐代长安是佛典翻译的重镇，出现了佛教史上著名的"长安三大译场"。西明寺、大慈恩寺、大兴善寺、大荐福寺等丰富的寺院藏书与它们的职能有着密切关系。除此之外，其他寺庙也有佛典翻译活动。很多寺院的译场也是藏书之所。

唐代著名译师有玄奘、智通、伽梵达摩、实叉难陀、弥陀山、菩提流志、义净、善无畏、金刚智、不空等人。他们往往携带大量梵夹，并将佛典转梵为汉。唐代长安僧侣往来频繁，既是长安佛典翻译的重要力量，也是长安佛典传入的重要媒介。在佛典传译过程中，文字学、训诂学、音韵学等书籍是必备的，因此寺院也往往储备上述类型书籍。

虽然佛教书籍是寺院藏书的主体，但外典兼通有助于僧人法海泛波。因此，外典是僧人必要的研习课程，很多高僧兼通世俗书籍。《高僧传》卷一记载竺佛念"外和内朗，有通敏之鉴，讽习众经，粗涉外典，其苍雅诂训尤所明达。……华戎音义，莫不兼解"①。竺法雅"少善外学，长通佛义，衣冠士子，咸附咨"，"外典佛经，递互讲说"，与康法朗以经中事数拟配外书，产生格义之法。② 及至唐代著名译经大师玄奘，

①（南朝梁）慧皎撰，汤用彤校注：《高僧传》，中华书局 1992 年版，第40 页。

②（南朝梁）慧皎撰，汤用彤校注：《高僧传》，中华书局 1992 年版，第152—153 页。

华梵兼通，文辞优美。义净法师"广探群籍，内外闲习"[1]。菩提流志"历数、咒术、阴阳、谶纬，靡不该通"[2]。天竺寺的宝思"学兼真俗，天文咒术，尤攻其妙"[3]。安国寺的良坟"外通坟典，内善经论，义解之性，人罕加焉"[4]。东渡日本的鉴真大和尚通晓医书，治好了日本皇太后的眼疾。协助玄奘法师翻译的一行是卓越的天文学家，精通历法。

隋代，丹阳牛头山石窟寺经藏就分为七藏，包含佛经、道书、佛经史、俗经史、医方图符等。唐代很多僧人与学养深厚的士大夫有广泛交游。他们中很多人既是僧人，也是诗人、画家或文学家。唐代开始出现了"诗僧"之名。著名诗僧有灵一、皎然、灵澈、贯休、道标、齐己等，僧诗占据《全唐诗》诗人二十分之一。以灵澈为例，他与刘禹锡、严维、权德舆、柳宗元、包佶、张祜、窦庠等近二十位中唐名士交往密切、诗文酬唱。因此，唐代寺院也藏有僧人学习诗歌、历史、书法等世俗典籍。

长安寺院也是教学与知识中心。法国学者谢和耐在评价中国佛教鼎盛时期时说："在中印接触的漫长时期中（公元初至9世纪），……当时的寺庙拥有包括古籍与经文的丰富藏书，成

---

① （宋）赞宁撰，范祥雍点校：《宋高僧传》，中华书局1987年版，第1页。
② （宋）赞宁撰，范祥雍点校：《宋高僧传》，中华书局1987年版，第43页。
③ （宋）赞宁撰，范祥雍点校：《宋高僧传》，中华书局1987年版，第42页。
④ （宋）赞宁撰，范祥雍点校：《宋高僧传》，中华书局1987年版，第99页。

为教学中心与知识中心。"[①] 佛教寺院在隋唐时代，是中国社会文明和政治制度不可分割的组成部分。

唐代长安寺院以自由开放的姿态、幽静的风光以及丰富娱人的文化艺术活动，使众多诗人流连忘返，频频造访寺院。寺院也为文人聚会提供了空间。慈恩寺"凡有十余院，几总一千八百九十七间"[②]。长安寺院也承载了文化教育职能。刘䢍、陆羽等都曾在寺院读书或长期写作。长安一些举子也会在科举落第后借助寺院居住作新的文章，谓之夏课，形成了"习业"风俗。陆羽九岁即开始在智积禅师的帮助下在寺院内读书识字。他与诗僧皎然也交情深厚。长安寺院教育与中国古代绘画、书法等艺术活动密不可分。张彦远《历代名画记》"记两京外州寺观壁画"中就列出大荐福寺、慈恩寺、兴善寺、龙兴寺等四十四座寺院的壁画，均出自阎立本、尉迟乙僧、张孝师、范长寿等名家之手。这些寺庙壁画题材主要是佛教净土经变。寺院丰硕的藏书、形象的壁画以及雅致的园林艺术，为文化教育的拓展建立了良好环境。

（三）唐代长安寺院藏书之影响与文化交流

唐代长安寺院藏书整理和保存了中国古代珍贵佛教资料和

---

① ［法］谢和耐著，黄建华、黄迅余译：《中国社会史》江苏人民出版社 2014 年版，第 192 页。

② 潘运告主编：《唐五代画论》，湖南美术出版社 1997 年版，第 145 页。

各类典籍。唐代长安寺院藏书规模宏大，类型丰富多样。除了大藏经、各种单行本佛典、中国僧人著述、寺院文书、儒道教经典、诗文集、医典等，还有音韵、哲学、历史、绘画、艺术、文学、谶纬、天文、年谱等各种类型书籍。唐代长安寺院藏书为佛典翻译提供了必要的学术资料保障。佛典翻译需要多方面的条件，如经济供给、住所、图书资料、供应人等。这些必备的条件，保障僧人从事艰苦的翻译工作，进行深入的学术思考和研究。

　　寺院藏书极大地促进了中国古典目录学的发展。除上文提及道宣《大唐内典录》和《京师西明寺录》外，还有《静泰录》《大唐东京爱敬寺一切经论目录》《续大唐内典录》《古今译经图记》《续古今译经图记》《大周刊定众经目录》《开元释教录》《开元释教录略出》《大唐贞元续开元释教录》《贞元新定释教目录》《般若三藏续古今译经图记》等，为后人的目录学研究提供了重要参考，在目录学上具有极大价值。"至于整个佛学著述和经典著疏所表现出来的研究方法、学风等，更在学术史上造成了广泛、深刻的影响。"①

　　唐代长安留学僧来华频繁。日本僧人永忠、空海、圆载、圆珍等陆续在西明寺、大慈恩寺等寺院驻锡。他们游学并参加了佛典传译，回国时又往往带回大量佛教典籍。留学僧回国对日本文化也造成了巨大影响，如圆珍将其在唐期间与各地士

---

　　①　孙昌武：《唐长安佛寺考》，《唐研究》第二卷，北京大学出版社 1996 年版，第 31 页。

子、名僧、诗人的著作集成《行历抄》带回，为日本文学做出巨大贡献。空海的《文镜秘府论》保存了很多重要的中国文学文献①，极大地促进了中国佛教和中国文化向东亚地区的流播。唐代长安寺院藏书之意义远远超出佛教范围，带有泛文化性质，是文化史上浓墨重彩的一笔，具有深广影响。

第二节 唐代长安大寺佛教教育的肇始与兴盛

佛教注重对人性的熏习和影响，具有重视培养僧才的传统。从建立伊始，佛教就对具有修行体验和学养深厚的大德推崇备至，佛典中记载了佛有造诣精深的十大弟子，僧传僧录也对历代高僧名僧竭力揄扬。唐代长安寺院也成为培养"有教养的僧人"寺院教育的实际载体。②长安寺院译场兴盛，慈恩寺、西明寺、兴善寺等几大译场吸收了一大批海内外才学出众的僧人，在有唐一代发展为培养僧才的主要场所。

佛教教育可涵盖培养僧才的寺院教育和培养世俗人的大

---

① 湛如：《唐代长安西明寺与日本佛教》，《中国宗教》2016 年第 1 期，第59 页。

② ［荷兰］许理和：《佛教征服中国》，江苏人民出版社 2003 年版，第6—9页。"有教养的僧人"具体指能够结合佛教教义与中国传统学术的僧人群体，是中国新型知识精英。

众教育。前者是唐代之前的寺院教育主流，宋以后居士教育
逐渐成为中心。佛教教育核心为佛教的教义和基本义理，如
四谛、六度、轮回、众生皆有佛性等，同时其宗旨和内容也
随着佛教发展而不断变化。[①] 丁钢在二十世纪八十年代撰写
《中国佛教教育：儒佛道教育比较研究》，该文是研究佛教教
育的早期成果，他提出讲学、译经促使佛教教育初兴，三教
融合促进了佛教教育的发展，南北朝时期形成了长安和庐山
两大讲学中心，隋唐宗派的建立强调传法道统、学说延续的
师承关系，丰富了中国佛教教育内容，中国书院的管理也受
到寺学的诸多影响。[②] 郭绍林的《说隋唐佛教教育》主要讨
论了佛教教育使用区别对象、因势利导、启发思维、利用教
具、形式多样等方式方法，重点关注佛教社会教育的作用和
优势。[③] 张国刚在《佛学与隋唐社会》一书中提出寺院是开
展佛教教育和世俗教育的场所。寺僧学习经律并有实际的修
行体验，同时还要兼修儒学、道学，敦煌寺院的世俗童蒙教
育引人注意且具有义塾性质。介永强的《隋唐高僧与儒学》
探讨了唐代高僧深入儒学的原因，或秉承家学，或出家前研

[①]　唐代宗学兴盛后，形成以宗学经典为主的寺院教学，如天台宗重视法华
经典的修学，具体可参考汤用彤：《隋唐佛教史稿》第四章（武汉大学出版社 2008
年版，101—189 页。）

[②]　丁钢：《中国佛教教育：儒佛道教育比较研究》，四川教育出版社 2010 年
版。（初版为 1988 年）

[③]　郭绍林：《说隋唐佛教教育》，《洛阳师范学院学报》2000 年第 3 期，第
68—71 页。

习儒家经典，抑或出家后在佛教寺院兼习儒家经典，高僧们深通儒典是佛教中国化的一个重要标志。[①] 寺院之所以成为文化教育活动的舞台，与寺院本身文化深厚是重要的译经场所有很大关系。士大夫与僧人多有交往且修业于寺院中，寄居读书。[②]

张捷的《唐代佛教教育宗旨与内容初探》主要探讨唐代佛教教育宗旨是"人人能成佛"，教育内容以教义宣传为主，对唐代政治、科学文化、世俗教育产生广泛社会影响。[③] 张捷和陈旭远的论文《中国佛教教育的历史发展轨迹》与上一篇论文不同之处为该文主要探讨了佛教教育修行原则、方法的形成，以及止观并重的修习原则、悟和禅定等教育方法的发展。[④] 杜钢的《中国佛教净土宗教育研究》回顾了中国净土宗教育的历史，重点介绍了东林寺慧远法师念佛三昧的教育思想以及净土宗教育的开展方式，论述了昙鸾法师、道绰法师、智者大师、善导法师等一些代表人物的净土宗弘传思想。[⑤] 李莉的《唐代僧伽教育研究——以〈续高僧传〉〈宋高僧传〉为中心》主要

---

① 介永强：《隋唐高僧与儒学》，《陕西师范大学学报（哲学社会科学版）》2010 年第 6 期，第 102—106 页。

② 张国刚：《佛学与隋唐社会》，河北人民出版社 2002 年版，第 199—203 页，第 292—304 页。

③ 张捷：《唐代佛教教育宗旨与内容初探》，《东北师大学报（哲学社会科学版）》1990 年第 11 期，第 37—41 页。

④ 张捷、陈旭远：《中国佛教教育的历史发展轨迹》，《东北师大学报（哲学社会科学版）》1997 年第 1 期，第 82—87 页。

⑤ 杜钢：《中国佛教净土宗教育研究》，东北师范大学 2007 年博士学位论文。

探讨了两僧传中唐代僧伽教育内容，提出隐居修习、私人讲学、禅林教育三种教学形式，与善巧化诱、以身施教、量材授仁、历设诸难四种教育方法和手段。①

此外，唐代习业一直是学界对寺院教育关注的重点。严耕望在《唐人习业山林寺院之风尚》一文以名山为中心，介绍了终南山、华山、嵩山、太行山、泰山、庐山等十几个唐代士人习业的主要场所和活动内容。②李金铮、王玉成的《唐代教育中习业山林现象刍议》指出在唐代科举改革等因素的推动下山林习业成为唐代文人教育的重要方式，文人士子隐居学习于名山大川或者寺院道观，将学习、仕途、漫游等融为一体并对后世文化产生了深远影响。赵睿才在《在功名与学术之间——李唐士子习业山林寺观之文化解读》中指出习业山林寺院风尚与大量出现的地方性（或私人）书院是唐中叶以后中国私人教育的主流。③通过对相关成果的梳理，我们看到唐以前寺院教育学界研究成果较多，重点在士人山林习业、寺院教育与中国古代文学的关系等问题上。④在这些成果中往往涉及寺院教育、寺学、山林习业等关键词，学者从不

---

① 李莉：《唐代僧伽教育研究——从〈续高僧传〉〈宋高僧传〉为中心》，陕西师范大学 2016 年硕士学位论文。

② 严耕望：《唐人习业山林寺院之风尚》，《严耕望史学论文集》，上海古籍出版社 2009 年版，第 886—931 页。

③ 赵睿才：《在功名与学术之间——李唐士子习业山林寺观之文化解读》，《阅江学刊》2018 年第 3 期，第 113—120 页。

④ 戴军：《唐代寺院教育与文学》，中国社科院 2003 年博士学位论文。

同角度提出了自己的观点。周亮涛的硕士论文《唐代寺院教育初探》提出"寺院教育"特指在中古时期由佛教寺院参与的教育活动，不包括佛教内典传授及僧伽五众的文化教育。[①]罗文的《魏晋南北朝僧尼教育研究》则认为佛教教育是对僧伽的教育。王雷泉提出佛教教育概念是"面向社会各界传递佛法的观念、经验、礼仪、制度，并使佛教教团自身得以延续的方式与方法"[②]。本书的寺院教育指的是在寺院发生的教育活动，内容上包括僧伽和居士教育两部分。

我国古代教育大体可分为官学和私学两种。古代官学肇始于汉代太学，至唐代官学分为中央官学和地方官学两种形式。中央官学主要有国子监六学、门下省的弘文馆和东宫的崇文馆，尚书省的东都崇玄学和西都崇玄学。[③]官学的主要内容是儒家经典，如国子学、太学、四门学、律学、书学、算学等。官学的发展改善了统治阶层文化素养，太宗时期在国家的推动下，官学兴盛发达。

> 贞观五年以后，太宗数幸国学太学，遂增筑学舍一千二百间，国学太学四门，亦增生员，其书算等，各置博士，凡三千二百六十员，其屯营飞骑，以给博士，授以

---

① 周亮涛：《唐代寺院教育初探》，山东师范大学 2015 年硕士学位论文，第2 页。

② 王雷泉：《走出中国佛教教育困境刍议》，《法音》2001 年第 10 期，第 7—15 页。

③ 张羽琼：《论唐代官学》，《贵州社会科学》1996 年第 5 期刊，第 106 页。

经业,已而高丽新罗高昌吐蕃诸国酋长,亦遣子弟请入国学,于是国学之内,八千余人,国学之盛,近古未有。[①]

官学提升了有唐一代吏治的管理能力,推动了科学、文学艺术的发展,扩展了唐文化对整个东亚文化的影响力。但官学自高宗时期呈现衰微趋势,安史之乱后屡振不兴。"高宗嗣位,政教渐衰,薄于儒术,尤重文史。……及则天称制,以权道临下,不齐官爵,取悦当时。其国子祭酒,多授诸王及驸马都尉。……至于博士、助教,唯有学官之名,多非儒雅之实。……因是生徒不复以经学为意,唯苟希侥幸。二十年间,学校顿时隳废矣。"[②]

有唐一代,与官学相对应的私学则发展起来。私学一般理解为非官之学,即非国家和官府举办的学校和教育活动都属于私学。因此,私学既包括乡间私塾亦包括义学寺塾、族学家教。诚如吕思勉先生所说,唐朝中后期"教育之权由公家移于私家"[③]。佛教传入汉地后,士人研习佛法,高僧参与清谈,二者在文化上交流频仍,佛教教育在唐代发展为私学主要形式之一,并在隋唐时期发展至顶峰。晋以降,有不少士子在寺院读书习业。唐代一些儒生士子选择隐遁于山林寺院。与其他私学形式

---

① (宋)王溥撰:《唐会要》卷三十五,中华书局1955年版,633页。

② (后晋)刘昫等撰:《旧唐书》卷一百八十九,中华书局1975年版,第4942页。

③ 吕思勉:《隋唐五代史》,上海古籍出版社1984年版,第1270—1271年;王仲荦:《隋唐五代史》,中华书2007年版。

相比，唐代长安寺院教育在诸多方面都具有独特优势，是私学主要承载者。

（一）唐代长安佛寺是译经的重镇

长安作为佛教发展的重镇交通便利，是当时世界性的大都市，吸引了一大批高僧、学问僧弘法译经。"优秀僧才凝聚长安，是长安成为佛教译经、传教、创宗、交流等中心的前提和基础，也极大地提高了长安佛教的品格和地位。"① 隋唐时期建立了大兴善寺、慈恩寺、大荐福寺、青龙寺等规模宏伟的寺院，并成为长安的重要译场。唐代长安寺院翻译无论在数量上还是质量上，在佛典翻译史上无可替代。这些译场规模庞大，分工明确，组织规范，遴选和召集新罗、日本、高昌等海内外僧才，翻译了大量佛典并获得官方支持。玄奘、义净、法藏、金刚智、不空等都是唐代不同时期最具代表性的翻译家。无疑，寺院教育的最高级别就是参与到高僧主持的译场。译场是培养人才的综合性场所。译场会翻译最新的佛教经典，探讨相关的佛教义理。参与翻译的僧人们在译场中进行必要的语言训练、经论，开展佛典的翻译和研习，并且有机会与大学士、文学才能杰出的官吏等进行交流。有些寺院僧人有早晚的自学时间。②

---

① 方立天:《长安佛教的历史地位》,《中国宗教》2010 年第 8 期, 第 34 页。
② 可以参考《大慈恩寺三藏法师传》中记载玄奘法师译经的记载。

仅以驻锡大荐福寺的高僧义净为例。义净赴印度取经回国后，先于实叉难陀译场翻译《华严经》，后在福先寺和西明寺译经。神龙二年（706），唐中宗敕令在大荐福寺专设"翻经院"，任命义净担任译主，义净成为当时为数不多的担当译主的中国高僧之一。义净入居大荐福寺主持译经，受到极高礼遇，译典以律宗为主。义净译事奉诏而行，译场结构严谨而有序。译场人员佛学修养和文化素养都极高。参与义净译场的朝臣总计36人，有直译者和译场事务官，"直接参译者大都世代冠冕，幼承家学，早岁登科，以学问著称，是一流学者"，皆可谓是当时唐代文化界的代表。[①]

在翻译工作中，义净非常注意培养人才。其译场囊括了崇庆、玄秀、玄睿、崇勋、元廓、惠神、崇俊、玄晖、昙杰、宝严等人，受到义净影响的僧人还有法明、敬忠等。日本僧人圆珍也曾在开元寺跟随般若多罗学习梵语。唐代大寺缭绕着浓郁的文化气息。西明、荐福、慈恩等大寺既是译经中心，也是当时重要的学术中心，学术氛围浓烈。

（二）唐代长安佛寺藏书丰硕

唐代很多大寺占地面积大，布局开阔生活方便。它的一项重要功能就是寄寓，前来习业的举子就在寺院居住以考取功名。

---

① 张弓：《唐代译场的儒臣参译》，《中国社会科学院研究生院学报》1999年第2期，第49—55页。

有的举子因境遇破落而寄食寺院，也有举子是被寺院丰富的藏书、安静雅致的环境所吸引。①

藏书增加了知识储备，唐代长安寺院藏书之兴盛与诸多要素有关，佛典传译促进了书籍收藏，僧人对世俗文献的学习也促进了寺院藏书的扩展。作为教学和知识中心的寺院，丰富的藏书保障了其文化功能的实现。佛教寺院藏书类型，大体可分为两类，即所谓的"内典"和"外典"。内典主要指各种类型的佛典，外典类主要指儒家、道家、诗歌、书法、绘画、小说、蒙学、僧人诗文集等不同主题的书籍。西明寺是唐代佛教典籍法定藏库。显庆年，西明寺御造藏经，藏于西明寺菩提院东阁，号称"一切经"。具有代表性的高僧其著述也会入西明藏，如记载慧琳的著述入西明藏，"起贞元四年迄元和五载，方得绝笔，贮其本于西明藏中。京邑之间，一皆宗仰"②。西明寺也逐渐成为唐代佛教学术中心之一，并形成"长安西明寺智慧体系"。西明寺智慧体系实际上也可以称之为"西明寺教育体系"，是"长安寺院教育体系"中的重要代表。这种浓郁的学术氛围极其有利于僧才养成。

"在中印接触的漫长时期中（公元初至九世纪），……当时的寺庙拥有包括古籍与经文的丰富藏书，成为教学中心与知识中心。这种局面在中国一直持续至842—845年，即至大

---

① 参见拙文《唐代长安寺院藏书研究》，《佛学研究》2017年第1期，第161—168页。

② （宋）赞宁撰，范祥雍点校：《宋高僧传》，中华书局1987年版，第106页。

禁佛教，解散佛教团体的年代。"① 可以说，寺院宏富的藏书为其教学活动提供了强而有力的支撑，而寺院教育活动也促进了藏书多样化和长久的留存传播。

（三）宗派的建立

隋唐时期佛教形成众多宗派，"中国佛教"真正建立。"隋唐两代是中国佛学的构成时期，这种构成是以宗派的形式出现的。"② 唐代中国化佛教发展起来，各种思想文化交互影响进而形成不同宗派。玄奘及其弟子窥基创建了法相唯识宗。大荐福寺主法藏推崇《华严经》，是华严宗的实际创立者。密宗也在善无畏、金刚智和不空三大士的积极推动下建立。除了天台和禅宗，其他几大宗派均在唐长安创建。宗派的创立推动了僧才培养。如义净法师独弘律部，推动根本说一切有部律的弘扬，他传授弟子重视持律，其学不仅传布京洛且培养了很多学养宏富的弟子。《贞元新定释教目录》卷十三记载："净虽遍翻三藏，而偏攻律部，译缀之暇，曲授学徒。凡所行事皆尚急护，漉囊涤秽，特异常伦，学侣传行，遍于京洛。"③ 可见义净在翻译之余也付出了较多精力用于培养和教育弟子，注意弘扬律部，因此其弟子也分布广泛。

---

① ［法］谢和耐著，黄建华、黄迅余译：《中国社会史》，江苏人民出版社2014年版，第203—204页。

② 吕澂：《中国佛学源流略讲》，中华书局1979年版，第159页。

③ （宋）赞宁撰，范祥雍点校：《宋高僧传》，中华书局1987年版，第3页。

　　法藏的弟子"从学如云，莫能悉数，其铮铮者，略举六人，释宏观、释文超、东都华严寺智光、荷恩寺宗一、静法寺慧苑、经行寺慧英"①。这些弟子都具有一定的影响力，形成华严宗发展的重要力量，促进了华严学说的发展。其后，法藏的华严宗还流传到韩国和朝鲜。日本的华严宗派主要由审详带入。法藏在日本、韩国佛教史上也享有崇高的盛誉。慈恩寺义忠在窥基的讲肆讲演，"由兹开奖，弟子繁多，讲树别茂于枝条，义门旁开于关窍"②。

　　金刚智广敷佛法教导淄素，"两京禀学，济度殊多，在家出家，传之相继"③。在他的弘传下，密宗在大荐福寺也流播甚广。大荐福寺主法藏是华严宗实际创始人，曾长期驻锡大荐福寺，并在大荐福寺圆寂。他非常重视讲经和著述，曾讲授《百千印陀罗尼经》《华严经》和《梵网经》，仅《华严经》讲说已达三十余遍，为光大和推动华严宗做出巨大努力。法藏极其擅长教导僧众，经常以各种教学方法来阐释复杂的义理，"藏之善巧化诱，皆此类也"④。在为武则天讲授十重玄门等华严佛理时，他用金狮子为喻，又列十门总别，让武则天顿时开悟。法藏在为信众讲解因陀罗网境界门时，

　　① ［新罗］崔致远撰：《唐大荐福寺故寺主翻经大德法藏和尚传》，《大正藏》第 50 册，第 285 页上栏。

　　② （宋）赞宁撰，范祥雍点校：《宋高僧传》，中华书局 1987 年版，第 4 页。

　　③ （宋）赞宁撰，范祥雍点校：《宋高僧传》，中华书局 1987 年版，第 6 页。

　　④ （宋）赞宁撰，范祥雍点校：《宋高僧传》，中华书局 1987 年版，第 90 页。

"为学不了者设巧便"①，准备了十面镜子设置在八方和上下，中间安置佛像以火炬照之，光影交互，学习的人顿解无尽之义。华严宗也在法藏的推动和影响下为唐代帝王所重视。唐代长安寺院在教育环境上大都清幽雅致，数量众多分布广泛，且拥有丰硕的图书资源。长安大寺作为译经重镇经常驻锡着学养深厚的译经和文人学士，学术气息浓厚，适宜僧伽求学和举子读书。唐代长安寺院承担着私学学苑的教育功能，在僧教育和大众教育上形成了自己的体系和特色。

第三节　唐代长安大寺佛教教育的内容与形式

（一）僧教育

自佛教传入汉地，僧才无疑是寺院教育的核心和根基。魏晋南北朝时期，僧教育是佛教僧伽的重要内容，主要学习内典经律论，对僧人佛教哲学修养有极高的要求。彦琮在《辨正论》中提到译师要具备一些基本才能，即所谓八备，要点归纳如下：（一）译师要有人格上的修养，不要固执己见，也不要哗众取宠；（二）对大小乘和经律论各方面都要精通；

---

① （宋）赞宁撰，范祥雍点校：《宋高僧传》，中华书局 1987 年版，第 90 页。

（三）不但对梵文要有深刻之研究，而且对本国文字、音韵、训诂之学都要打好底子；（四）要多读经史子集来扩充自己的知识面和提高自己的写作水平。① 这八备在某种程度上也可以视为僧才培养的标准和内容。唐代长安大寺规模宏大，环境幽静，具备使僧人涵养德性、提升学养的良好条件。寺院一般会设有讲授佛教经、律、论的"三学院"。在寺院里，僧众通过各种形式切磋琢磨，提升学养。名僧一行曾多次向金刚智请教密法，"智——指授，曾无遗隐"②。窥基"随处化徒，获益者众"③，普明"学者蚁聚，尘中往来，白衣礼而施之，日以千计"④。

译经是为了传播佛教精髓，因此译经大师亦讲经，将传译与讲习相结合，借此来培养弟子的成长。安世高、支娄迦谶及至道安法师等翻译、整理佛典的同时都培养了一批弟子，并遣散至各地传播佛教义理。长安兴善寺的惟宽法师"说心要法三十年，度黑白众殆及百千万，应病授药，安可既乎？白乐天为宫赞时遇宽，四诣法堂，每来垂一问，宽答如流，白君以师事之。门弟子殆千余，得法者三十九……"⑤ 惟宽讲法多年，度人无数，白居易也拜倒在他门下。曾负责过大荐福寺事务的道岸禅师不分地位高下，循循善诱教化僧俗，"不择贤愚，无论

---

① 王仲荦：《隋唐五代史》，上海人民出版社 2016 版，第 936—937 页。
② （宋）赞宁撰，范祥雍点校：《宋高僧传》，中华书局 1987 年版，第 6 页。
③ （宋）赞宁撰，范祥雍点校：《宋高僧传》，中华书局 1987 年版，第 65 页。
④ （宋）赞宁撰，范祥雍点校：《宋高僧传》，中华书局 1987 年版，第 467 页。
⑤ （宋）赞宁撰，范祥雍点校：《宋高僧传》，中华书局 1987 年版，第 336 页。

贵贱，温颜接待，善诱克勤，明鉴莫疲，洪钟必应"①。良贲在"安国寺讲筵，官供不匮。数年之内，归学如林"②。西明寺的乘恩法师"乐人为学，不忘讲导"③。译经人才济济，藏典丰富，学术氛围浓郁，因而不断产生影响深广的佛教义学思想，对僧人撰述裨益良多，很多唐代重要的目录学家产生于西明寺。

　　长安大寺因翻译佛典所需，寺院教育中语言素养的训练和学习很受重视。凡往天竺等地留学的僧人，也大多先在译场学梵语。彦琮"内外通照，华梵并闻"④。怀迪曾跟随外域僧人学习梵语，"数有梵僧寓止于此，迪学其书语，自兹通利"，后被菩提流志召到长安作为《宝积经》的证义。⑤西域僧满月跟随悟达学习梵文，后参与密宗佛典的翻译，"时悟达国师知玄好学声明，礼月为师，情相款密，指教梵字并音字之缘界，悉昙八转，深得幽趣。玄曰：'异哉，吾体两方之言，愿参象胥之末，可乎？'因请翻诸禁咒……"⑥

　　僧伽的外典学习涉及儒家、道家、天文历算、艺术、医学等多种知识体系。译师在转梵为汉的过程中一直运用"格义"之法，并将中国传统文化作为翻译、阐释、传播佛教义

① （宋）赞宁撰，范祥雍点校：《宋高僧传》，中华书局 1987 年版，第 335 页。
② （宋）赞宁撰，范祥雍点校：《宋高僧传》，中华书局 1987 年版，第 100 页。
③ （宋）赞宁撰，范祥雍点校：《宋高僧传》，中华书局 1987 年版，第 128 页。
④ （唐）道宣撰，郭绍林点校：《续高僧传》，中华书局 2014 年版，第 45 页。
⑤ （宋）赞宁撰，范祥雍点校：《宋高僧传》，中华书局 1987 年版，第 91 页；（宋）赞宁撰，范祥雍点校：《宋高僧传》，中华书局 1987 年版，第 44 页。
⑥ （宋）赞宁撰，范祥雍点校：《宋高僧传》，中华书局 1987 版，第 51 页。

理的媒介，所以很多译经讲学的高僧具有丰厚的中国文化底蕴积淀。他们学习汉地经史子集各类经典，训练训诂、音韵，具体如《老》《庄》《孝经》以及各类文化典籍等。《高僧传》卷七记载昙谛"晚入吴虎丘寺，讲礼、易、春秋各七遍，法华、大品、维摩各十五遍。又善属文翰，集有六卷，亦行于世"①。《续高僧传》和《宋高僧传》记载的791位唐代僧人中，具有儒道和诸子百家知识及专长的有99位。②唐代长安寺院僧教育中儒学是重要的部分，很多寺院高僧多兼通儒家经典。释法瑗"论议之隙，时谈《孝经》《丧服》"③。唐崇阳寺一行对"阴阳谶纬之书，一皆详究，寻访算术，不下数千里，知名者往询焉"④。安国寺良贲"外通坟典，内擅经论"⑤。菩提流志"历数、咒术、阴阳、谶纬，靡不该通。年逾耳顺，方乃回心"⑥。京师大庄严寺释神迥"博采三藏，研寻百氏，年未及冠，郁为鸿彩……渔猎子史，讽味名篇，逸调横驰，颇以此而怀简傲也"⑦。保寿寺法真因为对佛典和儒家经典的熟识，深

---

① （南朝梁）慧皎撰，汤用彤校注：《高僧传》，汤一玄整理，中华书局1992年版，第279页。

② 李莉：《唐代僧伽教育研究——从〈续高僧传〉〈宋高僧传〉为中心》，陕西师范大学2016年硕士学位论文，第9页。

③ （南朝梁）慧皎撰，汤用彤校注：《高僧传》，汤一玄整理，中华书局1992年版，第313页。

④ （宋）赞宁撰，范祥雍点校：《宋高僧传》，中华书局1987年版，第91页。

⑤ （宋）赞宁撰，范祥雍点校：《宋高僧传》，中华书局1987年版，第99页。

⑥ （宋）赞宁撰，范祥雍点校：《宋高僧传》，中华书局1987年版，第43页。

⑦ （宋）赞宁撰，范祥雍点校：《宋高僧传》，中华书局1987年版，第448页。

受士大夫追随推崇，"器识悠深，学问宏博，研究梵典，旁赜儒书。讲导之余，吟咏性情。公卿贵士，无不宗奉"①。长安青龙寺道氤更是一举中第，"神气俊秀，学问详明。应进士科，一举擢第，名喧日下"②。京师普光寺释道岳，"家世儒学专门守业，九岁读《诗》《易》《孝经》"③。西明寺圆照法师对佛典深入堂奥，并坚持学习儒家经典，"寻究经论，访问师承，维摩、法华、因明、唯识、涅槃、中观、华严新经，或深入堂皇，或略从染指。仍旁求于儒墨，兼擅美于风骚"④。唐五台山行严"慕学三教偕明，谈论天人之际，听者茫昧不知区域之内外耶，王公大人靡不回向"⑤。可见，很多高僧对外典潜心精研已达到造诣深厚的地步。唐代寺院教育是私学的主要承办者，其授课内容涉及儒家经典和诗词。⑥

（二）大众教育

"隋唐时代，佛教已成为华夏世界文明、社会、政治制度的不可分割部分。寺院是俗文化与教会文化、汉文化与佛教文

---

① （宋）赞宁撰，范祥雍点校：《宋高僧传》，中华书局 1987 年版，第 735 页。
② （宋）赞宁撰，范祥雍点校：《宋高僧传》，中华书局 1987 年版，第 97 页。
③ （唐）道宣撰，郭绍林点校：《续高僧传》，中华书局 2014 年版，第 52 页。
④ （宋）赞宁撰，范祥雍点校：《宋高僧传》，中华书局 1987 年版，第 376 页。
⑤ （宋）赞宁撰，范祥雍点校：《宋高僧传》，中华书局 1987 年版，第 690 页。
⑥　姚崇新：《唐代西州的私学与教材》，载殷晴主编《吐鲁番学新论》，新疆人民出版社 2006 年版，第 693—701 页。

化的中心。"①寺院在唐代也是对大众开放的社会公共文化空间，往往采取多种形式吸引和"化导"信众。寺院对大众的教化除常规讲经方式外，常采取一些灵活而易于为普通百姓接受的形式，所以俗讲在唐代长安佛寺广为盛行。向达的《唐代俗讲考》和孙楷第的《唐代俗讲之科范与体裁》以及姜伯勤的《敦煌艺术宗教与礼乐文明》等对唐代俗讲情况作了详细描述。学者李小荣、赵青山、蒋勤俭等也从不同角度探讨了俗讲。

慧皎称俗讲中的"唱导者，盖以宣唱法理，开导众心也"②。唱导制度是五世纪以来佛教徒盛行的三种传教方法之一。③俗讲源于唱导，在唐代发展成熟并在寺院广为采用。俗讲融说与唱为一，僧伽依经文为大众讲授佛教教义。俗讲一般由三人出演。第一人称为梵师，依唱颂所讲经文中的偈和颂。偈颂被认为是"微妙语"，在佛典中有着重要意义，对阐扬佛教发挥着积极作用，它能让法义坚固，让信众心生喜乐。偈颂体制简短利于流传，且极有感化力量，对佛法的阐扬有独特作用。另一个人为都讲，负责照所讲经书原文按句、按段宣读。第三人为讲师，是俗讲中的主角，负责解释偈颂和经文。后俗讲发展为开讲前有一段开场白，称之为"押座文"，多采用偈颂形式。其目的是庄严环境，遍请佛界、众生界诸

---

① ［法］谢和耐著，黄建华、黄迅余译:《中国社会史》，江苏人民出版社2014年版，第229页。

② （南朝梁）慧皎撰，汤用彤校注，汤一玄整理:《高僧传》，中华书局1992年版，第521页。

③ 邓广铭:《隋唐五代史讲义》，中华书局2013年版，第159页。

佛和亡逝诸亲降临道场等，最后由讲师唱"解座文"结束。[①]
俗讲对佛典中的各种故事加以铺陈渲染，同时综合中国历史
故事，以通俗易懂的语言宣扬佛教义理，生动灵活，说文、
唱词完全用当时流行的口语俗语。为了吸引普通大众，俗讲
内容已不限于佛家教义。

俗讲是唐代长安大寺传教和大众教育的通行手段。《入唐
求法巡礼行记》中记载了唐敬宗、唐懿宗倡导俗讲，呈现了当
时俗讲盛况，其中包括非常有名的俗讲师文溆法师：

> 开成六年正月九日五更时拜南郡了，早朝归城，幸在
> 丹凤楼，改年号，改开成六年为会昌元年。及敕于左、右
> 街七寺开俗讲。左街四处：此资圣寺，今云花寺赐紫大德
> 海岸法师讲《花严经》，保寿寺令左街僧录三教讲论赐引
> 驾大德体虚法师讲《法花经》，菩提寺令招福寺内供奉三
> 教讲论大德齐高法师讲《涅槃经》，景公寺令光影法师讲。
> 右街三处：会昌寺令内供奉三教讲论赐紫引驾起居大德文
> 溆法师讲《法花经》，城中俗讲，此法师为第一；惠日寺崇
> 副寺讲法师未得其名。[②]

唐代长安的俗讲影响非常大，甚至皇帝、大臣也亲自到寺

---

① 俗讲流程主要参考了李鹭、宁国良：《古代中国寺院的俗讲》，《华夏文化》
1997 年第 2 期，第 18—19 页。

② ［日］圆仁撰，顾承甫、何泉达校：《入唐求法巡礼行记》卷三，广西师范
大学出版社 2007 年版，第 119 页。

院听讲。《资治通鉴·唐纪》卷二四三记载唐敬宗亲临寺院观看俗讲：宝历二年（826）六月，唐敬宗"幸兴福寺，观沙门文溆俗讲"①。唐懿宗还曾特制讲座和唱经座赐给安国寺。每每开展俗讲都会吸引大批听众参与。《入唐求法巡礼行记》记载资圣寺、保寿寺、会昌寺、菩提寺、惠日寺、景公寺、崇福寺等寺院戏场中也经常开设俗讲活动。《资治通鉴》卷二四八载郑颢弟得危疾，万寿公主痴迷慈恩寺看戏不探望夫弟，惹怒了唐宣宗。即使采取灭佛活动的武宗也钟情于俗讲。每逢开讲，听众甚至能放下手头的工作，酒徒竟能为听俗讲而加以收敛。②以俗讲的形式传教效果甚好，听众无论身份、地域、文化水平等均非常喜爱俗讲。

除了俗讲，夏课和习业等活动也让读书世子受到熏陶和教化，唐代长安寺院实际承担了私学教育功能。释门助力世子读书始于魏晋时期，唐代佛寺习业多是举子入仕的前阶。③长安坊里有启闭坊门制、宵禁制、坊里邻保制等，但众多佛寺因不受坊里制度和禁夜制度的限制，有利于学子们逗留学习。《南部新书》乙记："长安举子，自六月已后，落第者不出京，谓之'过夏'，多借静坊庙院及闲宅居住，作新文章，谓之'夏课'。"④

---

① （宋）司马光编著：《资治通鉴》卷第二百四十三，中华书局 1956 年版，7850 页。

② （宋）司马光编著：《资治通鉴》卷第二百四十八，中华书局 1956 年版，第 8036 页。

③ 张弓：《汉唐佛寺文化史》，中国社会科学出版社 1997 年版，第 967—968 页。

④ （宋）钱易撰：《南部新书》，中华书局 1958 年版，21—22 页。

中唐李肇在《唐国史补》也提到"退而肄业谓之过夏，执业而出谓之夏课"①。中唐后，随着官学的衰微，习业山林寺院成为风尚。习业寺院可解决一些贫困学子的膳宿，他们安心修学的同时，又可以与禅客名僧进行思想上的交流和碰撞。"释道二教，福利群生，馆宇经行，必资严洁，今后寺观不得容外客居住。"（《册府元龟》卷五十二）可见，习业寺院已经成为一种社会风气。《唐摭言》记载："徐商相公尝于中条山万固寺泉，入院读书。家庙碑云：'随僧洗钵。'"②白居易在《游丰乐招提佛光三寺》（卷四百五十九）云："山寺每游多寄宿，都城暂出即经旬。"③《唐才子传》记载阎防好古博雅放旷山水，曾于终南山丰德寺结茅茨读书。④有些家境贫困的士子也在寺院学习或维持生活，如韦昭度年少之时，家境贫寒常常衣食无着，常依左街僧录净光大师，被迫随僧斋粥，因气度非凡受到净光大师的器重。⑤又如"王播少孤贫，尝客扬州惠昭寺木兰院，随僧斋餐"⑥。参加科考等活动时，也有很多士子会寓居寺院。《太平

①（唐）李肇撰，曹中孚校点：《唐国史补》卷下，《唐五代笔记小说大观》，上海古籍出版社 2000 年版，第 193 页。

②（五代）王定保撰，阳羡生校点：《唐摭言》，上海古籍出版社 2012 年版，第 47 页。

③（清）彭定求等编：《全唐诗》，中州古籍出版社 2008 年版，第 2383 页。

④（元）辛文房撰，周绍良笺证：《唐才子传笺证》，中华书局 2010 年版，第 303 页。

⑤（五代）王定保撰，阳羡生校点：《唐摭言》，上海古籍出版社 2012 年版，第 47 页。

⑥（五代）王定保撰，阳羡生校点：《唐摭言》，上海古籍出版社 2012 年版，第 47 页。

广记》记载唐人宋济到长安参加科考时曾寄居在西明寺读书学习，恰好巧遇微服出巡的唐德宗，深受德宗皇帝喜爱，因而科考顺畅步入仕途。赵璘在《书戒珠寺》一文中称自己成年之后将要考进士第，寓于此寺肄业。① 唐代文人郑虔早年十分贫寒无钱买纸，见慈恩寺内有柿叶数屋，遂借居寺内取叶练字。可见在寺院寄宿、学习已是常态。习业山林寺院，是唐代特别是中唐以后私人讲学的主要形式。②

中晚唐时期，寺院也是文人集会、讨论学问、切磋诗文的公共文化交流空间。《唐才子传》记载元和九年（814）殷尧潘及第，但是其过程是先落榜后被杨尚书重收，根据其诗歌与传记可知其大概在此时遇见文郁，殷尧潘因落榜独自到慈恩寺游玩，遇见文郁而写下两首诗歌。此外，唐代长安佛寺有丰富的文化教育资源，士人、诗人、画家等常常在寺院题诗作画，为寺院或者圆寂高僧撰写碑铭等。这些佛教壁画、佛像雕塑、碑铭对僧教育和大众教育有着积极的涵养作用。

后论

唐代长安大寺形成了较为完善的佛教教育体系，作为文化教育、知识和藏书中心的寺院培养了大量译经人才，推动了唐

---

① （清）董诰等编：《全唐文》卷七百九十二，中华书局 1983 年版，第 8288 页。

② 赵睿才：《在功名与学术之间——李唐士子习业山林寺观之文化解读》，《阅江学刊》2018 年第 3 期，第 115 页。

代译经传教事业。同时，佛家宗派的创立者和领军人物不断涌现，推动了佛教宗派的建立和发展。在唐代长安寺院学习、参与翻译的新罗和日本僧人在唐朝居留时间长短不一，长者多达十几年甚至终老于唐朝，如新罗僧圆测、地藏；有些学成回国后有些成为著名的高僧，甚至是本国佛教宗派的开山宗师，对这些国家的宗教、政治、文化艺术等产生了不容忽视的影响，如最澄、空海等。① 除了僧教育，俗讲、士子习业等唐代长安寺院大众教育也具有广泛的影响力，促进了大众对佛教文化的了解和学习，丰富了市民的文化生活。

　　唐代长安寺院佛教教育不同于官学，具有较为广泛的社会影响力。唐末宋初，官学凋敝，书院兴起。"宋代书院制度，不但其性质由唐代士子读书山林寺院之风尚演进而来，即'书院'之名称，亦由此种风尚所形成，宋人承之而大其规制，以为群居讲习之所耳。"② 宋代书院的选址设置、教育形式、会讲等讲学方式都汲取了寺院教育经验。

---

① 龚国强：《隋唐长安城佛寺研究》，文化出版社 2006 年版，第 6 页。

② 严耕望：《唐人习业山林寺院之风尚》，《严耕望史学论文集》，上海古籍出版社 2009 年版，第 886—931 页。

主要参考文献

一、中文论著

（一）古籍

（唐）康骈撰：《剧谈录》，古典文学出版社 1958 年版。

（宋）吴曾撰：《能改斋漫录》，中华书局上海编辑所 1960 年版。

（宋）宋敏求撰，诚刚点校：《春明退朝录》，中华书局 1980 年版。

（清）董诰等编：《全唐文》，中华书局 1983 年版。

（清）徐松撰，（清）张穆校补：《唐两京城坊考》，中华书局 1985 年版。

（宋）赞宁撰，范祥雍点校：《宋高僧传》，中华书局 1987 年版。

（宋）王谠撰，周勋初校证：《唐语林校证》，中华书局 1987 年版。

（唐）义净著，王邦维校注：《南海寄归内法传校注》，中华书局 1991 年版。

（宋）宋敏求撰，（元）李好文编绘，阎琦、李福标、姚敏杰校点：《长安志·长安志图》，三秦出版社 2013 年版。

（宋）赵彦卫撰，傅根清点校：《云麓漫钞》，中华书局 1996 年版。

［日］圆仁著：《入唐求法巡礼行记》，广西师范大学出版社 2007 年版。

（宋）计有功撰，王仲镛校笺：《唐诗纪事校笺》，中华书局 2007 年版。

（清）彭定求等编：《全唐诗》，中州古籍出版社 2008 年版。

（宋）宋敏求编：《唐大诏令集》，中华书局 2008 年版。

（唐）玄奘、辩机著，季羡林等校注：《大唐西域记校注》，中华书局 1985 年版。

（后晋）刘昫等撰：《旧唐书》，中华书局 2011 年版。

（宋）王溥撰：《唐会要》，上海古籍出版 2012 年版。

（唐）韦述撰，辛德勇辑校：《两京新记辑校》，中华书局 2020 年版。

（二）专著

罗香林著：《唐代广州光孝寺与中印交通之关系》，中国学社 1960 年版。

吕澂著：《中国佛学源流略讲》，中华书局 1979 年版。

孙昌武著：《唐代文学与佛教》，陕西人民出版社 1985 年版。

何兹全主编：《五十年来汉唐佛教寺院经济研究（1934–1984）》，北京师范大学出版社 1986 年版。

史念海著：《唐代历史地理研究》，中国社会科学出版社

1998 年版。

黄心川著:《印度哲学史》,商务印书馆 1989 年版。

季羡林主编:《印度古代文学史》,北京大学出版社 1991 年版。

谭世保著:《汉唐佛史探真》,中山大学出版社 1991 年版。

黄有福、陈景富著:《中朝佛教文化交流史》,中国社会科学出版社 1993 年版。

陈尚胜著:《中韩交流三千年》,中华书局 1997 年版。

张弓著:《汉唐佛寺文化史》,中国社会科学出版社 1997 年版。

郝春文著:《唐后期五代宋初敦煌僧尼的社会生活》,中国社会科学出版社 1998 年版。

长安县地方志编纂委员会编:《长安县志》,陕西人民教育出版社 1999 年版。

杨曾文著:《唐五代禅宗史》,中国社会科学出版社 1999 年版。

杨鸿年著:《隋唐两京考》,武汉大学出版社 2005 年版。

王仲尧著:《隋唐佛教判教思想研究》,巴蜀书社 2000 年版。

梁启超著:《佛学研究十八篇》,上海古籍出版社 2001 年版。

陈绶祥著:《隋唐绘画史》,人民美术出版社 2001 年版。

方立天著:《中国佛教哲学要义》,中国人民大学出版社 2002 年版。

李斌城主编:《唐代文化》,中国社会科学出版社 2002 年版。

古正美著:《从天王传统到佛王传统——中国中世佛教治国意识形态研究》,台北商周出版社 2003 年版。

李映辉著:《唐代佛教地理研究》,湖南大学出版社 2004 年版。

辛德勇著:《隋唐两京丛考》,三秦出版社 2006 年版。

孙昌武著:《禅思与诗情》,中华书局 2006 年版。

湛如著:《净法与佛塔印度早期佛教史研究》,中华书局 2006 年版。

郭绍林著:《唐代士大夫与佛教》,三秦出版社 2006 年版。

李芳民著:《唐五代佛寺辑考》,商务印书馆 2006 年版。

范家伟著:《大医精诚:唐代国家、信仰与医学》,东大图书股份有限公司 2007 年版。

龚鹏程著:《唐代思潮》,商务印书馆 2007 年版。

黄永年著:《唐史十二讲》,中华书局 2007 年版。

蒋维乔著:《中国佛教史》,上海古籍出版社 2007 年版。

向达著:《唐代长安与西域文明》,河北教育出版社 2007 年版。

聂石樵著:《唐代文学史》,中华书局 2007 年版。

陈登武著:《从人间世到幽冥界:唐代的法制、社会与国家》,北京大学出版社 2007 年版。

王仲荦著:《隋唐五代史》,中华书局 2007 年版。

黄忏华著:《中国佛教史》,东方出版社 2008 年版。

汤用彤著:《隋唐佛教史稿》,武汉大学出版社 2008 年版

冉万里编:《汉唐考古学讲稿》,三秦出版社 2008 年版。

刘淑芬著:《中古的佛教与社会》,上海古籍出版社 2008 年版。

黄心川、释大恩主编:《第三届玄奘国际学术研讨会论文集》,四川辞书出版社 2008 年版。

雷闻著:《郊庙之外:隋唐国家祭祀与宗教》,生活·读书·新知三联书店 2009 年版。

荣新江著:《隋唐长安:性别、记忆及其他》,复旦大学出版社 2010 年版。

湛如著:《敦煌佛教律仪制度研究》,中华书局 2011 年版。

包铭新编:《丝绸之路:图像与历史》,东华大学出版社 2011 年版。

葛兆光著:《宅兹中国:重建有关"中国"的历史论述》,中华书局 2011 版。

白文著:《关中隋唐佛教艺术研究》,陕西师范大学出版社 2012 年版。

周一良著,钱文忠译:《唐代密宗》,上海远东出版社 2012 年版。

邓广铭著:《隋唐五代史讲义》,中华书局 2013 年版

夏金华著:《隋唐佛学研究》,上海社会科学院出版社,2013 年版。

冉万里著:《中国古代舍利瘗埋制度研究》,文物出版社 2013 年版。

祁伟著:《佛教山居诗研究》,商务印书馆 2014 年版。

张海峰著:《唐代法律与佛教》,上海人民出版社 2014 年版。

么振华著:《唐代自然灾害及其社会应对》,上海古籍出版社 2014 年版。

杨曾文著:《隋唐佛教史》,中国社会科学出版社 2014 年版。

荣新江著:《丝绸之路与东西文化交流》,北京大学出版社

2015 年版。

李刚、崔峰著：《丝绸之路与中西文化交流》，陕西人民出版社 2015 年版。

孙英刚著：《隋唐五代史》，上海人民出版社 2015 年版。

杜文玉、王丽梅著：《隋唐长安：隋唐时代丝绸之路起点》，三秦出版社 2015 年版。

黄永年著：《唐史史料学》，中华书局 2015 年版。

崔峰著：《文化的输入与演变：鸠摩罗什长安弘法研究》，中国社会科学出版社 2016 年版。

陈金华著：《佛教与中外交流》，中西书局 2016 年版。

袁行霈编著：《中国文学史纲》，北京大学出版社 2016 年版。

季爱民著：《隋唐长安佛教社会史》，中华书局 2016 年版。

焦杰著：《唐代女性与宗教》，陕西人民教育出版 2016 年版。

熊江宁著：《丝路佛风：西域佛教史》，中州古籍出版社 2016 年版。

王惠民著：《敦煌佛教图像研究》，浙江大学出版社 2016 年版。

罗宗强著：《隋唐五代文学思想史》，中华书局 2016 年版。

向达著：《唐代长安与西域文明》，商务印书馆 2017 年版。

孙剑编著：《唐代乐舞》，太白文艺出版社 2018 年版。

汪篯著：《唐太宗与武则天》，华东师范大学出版社 2018 年版。

辛德勇著：《古代交通与地理文献研究》，商务印书馆 2018 年版。

李斌城、李锦绣、张泽咸、吴丽娱、冻国栋、黄正建著：《隋唐五代社会生活史》，中国社会科学出版社2018年版。

王邦维、陈明主编：《文学与图像》，北京大学出版社2019年版。

吴宗国著：《说不尽的盛唐：隋唐史二十讲》，北京大学出版社2020年版。

聂顺新著：《唐代佛教官寺制度研究》，中国社会科学出版社2020年版。

（三）期刊论文

陈允吉：《王维与华严宗诗僧道光》，《复旦学报（社会科学版）》1981年第3期，第52—57页。

曹尔琴：《唐长安寺观及其有关的文化》，《中国古都研究》第1辑，浙江人民出版社，1985年，第144—168页。

陈士强：《汉唐寺院经济发展的大势与标志》，《复旦学报（社会科学版）》1986年第2期，第76—80页。

谢重光：《魏晋隋唐佛教特权的盛衰》，《历史研究》1987年第6期，第47—60页。

杨鸿勋：《唐长安荐福寺塔复原探讨》，《文物》1990年第1期，第88—91页。

郝春文：《隋唐五代宋初佛社与寺院的关系》，《敦煌学辑刊》1990年第1期，第16—23页。

任继愈：《佛教到儒教——唐宋思潮的变迁》，《中国文化》1990年第2期，第1—4页。

安家瑶：《唐长安西明寺遗址发掘简报》，《考古》1990年第1期，第45—55页。

申秦雁：《唐代荐福寺》，《文博》1991 年第 4 期，第 91—93 页。

蓝勇：《魏晋南北朝隋唐佛教传播与"西南丝路"》，《西南师范大学学报（人文社会科学版）》1992 年第 2 期，第 106—111 页。

贺秀明：《试论王维山水诗中的禅理》，《厦门大学学报（哲学社会科学版）》1991 年第 4 期，第 128—132 页。

陈忠凯：《唐长安城寺院与丝绸之路》，《文博》1992 年第 2 期，第 66—71 页。

辛德勇：《唐高僧籍贯及驻锡地分布》，《唐史论丛》第 4 辑 1992 年第 1 期。

王光照：《唐代长安佛教寺院壁画》，《敦煌学辑刊》1993 年第 1 期，第 77—82 页。

张弓：《唐代佛寺群系的形成及其布局特点》，《文物》1993 年第 10 期，第 40—45 页。

郝春文：《唐后期五代宋初敦煌寺院中的博士》，《中国经济史研究》1993 年第 2 期，第 121—123 页。

史念海：《唐代长安外郭城街道及里坊的变迁》，《中国历史地理论丛》1994 年第 1 期，第 1—25 页。

徐君峰：《唐都长安的人文景观》，《陕西师大学报（哲学社会科学版）》1994 年第 3 期，第 118—122 页。

刘素琴：《新罗僧侣对唐代佛教的贡献》，《北京大学学报（哲学社会科学版）》1995 年第 1 期，第 34—36 页。

孙昌武：《唐长安佛寺考》，《唐研究》第二卷，北京大学出版社 1996 年，第 1—50 页。

宿白：《隋代佛寺布局》，《考古与文物》1997 年第 2 期，第 30—34 页。

王亚荣：《西安大雁塔小雁塔的历史文化价值》，《佛教文化》1998 年第 5 期，第 27—29 页。

寇养厚：《武则天与唐中宗的三教共存与伟先道后政策——唐代三教并行政策形成的第二阶段》，《陕西师范大学学报（哲学社会科学版）》1999 年第 3 期，第 19—26 页。

史红帅：《〈唐两京城坊考〉"西明寺"校误》，《中国历史地理论丛》1999 年第 1 期，第 184 页。

勾利军：《唐代长安、洛阳作为都城和陪都的气候原因》，《史学月刊》2002 年第 2 期，第 39—43 页。

段塔丽：《武则天称帝与唐初社会的弥勒信仰》，《中国典籍与文化》2002 年第 4 期，第 85—91 页。

李利安：《中国最早大规模翻译佛经的场所：敦煌寺考》，《西北大学学报（哲学社会科学版）》2004 年第 1 期，第 59—62 页。

王洪军：《论唐初三帝的宗教政策——隋唐五代宗教政策研究之二》，《孔子研究》2004 年第 5 期，第 52—63 页。

李映辉：《试论自然、区位条件与佛教地理分布——以唐代为例》，《甘肃社会科学》2004 年第 3 期，第 81—83 页。

李海波：《唐代文殊信仰兴盛的政治背景》，《西北大学学报（哲学社会科学版）》2004 年第 1 期，第 92—95 页。

李芳民：《唐佛教寺院与社会救济》，《西北大学学报（哲学社会科学版）》2005 年第 6 期，第 38 页。

郭绍林:《〈全唐诗·忆荐福寺牡丹〉确系唐人作品》,《唐都学刊》2005 年第 2 期，第 11—13 页。

宁欣:《街: 城市社会的舞台——以唐长安城为中心》,《文史哲》2006 年第 4 期，第 79—86 页。

李志红、宋颖惠:《唐长安城的寺塔与城市空间景观》,《文博》2006 年第 4 期，第 80—83 页。

郑炳林、李强:《唐代佛教寺院地理分布的缉补——兼评〈唐代佛教地理研究〉》,《世界宗教研究》2006 年第 3 期，第 147—151 页。

李芳民:《唐代佛教寺院之亭台摭拾》,《西北大学学报（哲学社会科学版）》2006 年第 2 期，第 154 页。

罗小红:《唐长安西明寺考》,《考古与文物》2006 年第 2 期，第 76—80 页。

韩香:《唐代外来宗教与中亚文明》,《陕西师范大学学报（哲学社会科学版）》2006 年第 5 期，第 57—62 页。

马新广:《唐五代佛寺考补》,《西北大学学报（哲学社会科学版）》2008 年第 1 期，第 98—101 页。

宿白:《试论唐代长安佛教寺院的等级问题》,《文物》2009 年第 1 期，第 27—40 页。

张泽洪:《多元文化视野下的唐代佛道关系——以唐代长安为中心》,《兰州大学学报（社会科学版）》2009 年第 5 期，第 74—81 页。

王永平:《唐代长安的庙会与戏场——兼论中古时期庙会与

戏场的起源及其结合》,《历史教学（高校版）》2009 年第 4 期，第 12 页。

付先召：《唐代长安城牡丹的引种与传播》,《农业考古》2009 年第 1 期，第 254—257 页。

藏中诗侬芙、段帆：《从玄奘传到鉴真传——长安西明寺与大安寺文化圈》,《扬州大学学报（人文社会科学版）》2010 年第 2 期，第 87—92 页。

伏俊琏：《唐代敦煌高僧悟真入长安事考略》,《敦煌研究》2010 年第 3 期，第 70—77 页。

介永强：《隋唐高僧与儒学》,《陕西师范大学学报（哲学社会科学版）》2010 年第 6 期，第 102—106 页。

张天虹：《从"市"到"场"——唐代长安庙会的兴起与坊市制度的破坏》,《首都师范大学学报（社会科学版）》2010 年第 6 期，第 30—37 页。

聂顺新：《影子官寺：长安兴唐寺与唐玄宗开元官寺制度中的都城运作》,《史林》2011 年第 4 期，第 47—54 页。

李芳民：《唐代佛寺杂考》,《西北大学学报（哲学社会科学版）》2012 年第 3 期，第 152—157 页。

马新广：《唐五代佛寺壁画画家的辑录统计分析》,《宗教学研究》2012 年第 2 期，第 119—124 页。

聂顺新：《开元寺兴致传说演变研究——兼论唐代佛教官寺地位的转移及其在后世的影响》,《敦煌研究》2012 年第 5 期，第 93—99 页。

付先召：《从唐诗看唐代长安牡丹文化的形成》,《农业考古》2013 年第 1 期，第 249—253 页。

陈双印、张郁萍：《唐代佛教分期问题研究》,《敦煌学辑刊》2013 年第 4 期，第 57—69 页。

吴玉贵：《唐代长安与丝绸之路》,《西北大学学报（哲学社会科学版）》2015 年第 1 期，第 30—32 页。

丁海斌：《论中国古代的多京制》,《社会科学战线》2015 年第 8 期，第 90—99 页。

（四）学位论文

高菊荣：《唐代诗人与寺院研究》，上海师范大学 2003 年硕士学位论文。

白茹冰：《论唐代牡丹的引种、推广与兴盛》，陕西师范大学 2005 年硕士学位论文。

景宇平：《寺观与唐朝长安》，东北师范大学 2006 硕士学位论文。

闵军：《武则天时期的宫廷佛事造动研究》，西北大学 2006 年硕士学位论文。

张莹：《唐代两京地区佛教的传播及影响》，陕西师范大学 2008 年硕士学位论文。

陈艳玲：《唐代城市居民的宗教生活：以佛教为中心》，华东师范大学 2008 年博士学位论文。

杨妹美：《唐代佛寺题材诗论稿》，吉林大学 2008 年硕士学位论文。

王宇：《唐代"佛舍利"研究》，陕西师范大学 2009 年硕士学位论文。

王早娟：《唐代长安佛教文学研究》，陕西师范大学 2010 年博士学位论文。

郭瑞蕾：《唐代长安佛寺与诗歌研究》，暨南大学 2011 年硕士学位论文。

刘后德：《唐太宗与佛教》，山东大学 2011 年硕士学位论文。

陈瑞霞：《唐代皇家功德寺研究》，陕西师范大学 2011 年硕士学位论文。

焦荣：《论武则天与佛教》，湘潭大学 2012 年硕士学位论文。

牛晓丹：《唐宋时期庙会研究》，河南大学 2012 年硕士学位论文。

戎川：《唐代涉儒僧人研究》，中央民族大学 2013 年硕士学位论文。

唐浩川：《唐长安西明寺建筑研究》，西安建筑科技大学 2013 年硕士学位论文。

于佳彬：《八至十世纪佛教传播的思想研究——以佛寺为中心》，西北大学 2014 年硕士学位论文。

王宣宣：《唐代长安城内佛塔研究》，西北大学 2014 年硕士学位论文。

呼啸：《隋唐时期舍宅为寺现象研究》，陕西师范大学 2014 年硕士学位论文。

左钊：《唐代佛寺文化与诗歌的传播》，河北大学 2015 年硕士学位论文。

王展：《慈恩寺与唐代文学》，上海社会科学院 2015 年硕士学位论文。

何璞：《唐代长安佛教寺院在中外文化交流中的影响》，西北民族大学 2016 年硕士学位论文。

安佳玉：《唐代陪都建置的原因及影响探析》，东北师范大学 2019 年硕士学位论文。

王立强：《隋唐长安（大兴）与洛阳主辅关系转换问题研究》辽宁大学 2019 年硕士学位论文。

二、外文论著

（一）英文

Weinstein，Stanley，*Buddhism Under the T'ang*. Cambridge: Cambridge University Press，1987.

David W.Chappell（ed.），*Buddhist and Taoist Practice in Medieval Chinese Society*. Honolulu:UHP，1987.

Chandler，Stuart，*Establishing a Pure Land on Earth: The Foguang Buddhist Perspective on Modernization and Globalization*. Honolulu: University of Hawai'i Press，2004.

Welter，Albert，*Monks，Rulers，and Literati: The Political Ascendency of Chan Buddhism*. Oxford: Oxford University Press，2006.

Adamek，Wendi Leigh，*The Mystique of Transmission: On an Early Chan History and its Contexts*. New York: Columbia University Press，2007.

（二）日文

道端良秀：《唐代寺院の経済史の研究》，東京：佛教法制经济研究所，1930年。

池田温：《中国古代籍账研究（概观·录文）》，东京：东京大学出版会，1979年。

三、译著

［日］中村元等著，李万居译：《中国佛教发展史》，天华出版事业股份有限公司1984年版。

［日］芳村弘道著，秦岚、帅松生、田建国译：《唐代的诗人研究》，中华书局2014年版。

［日］堀敏一著，韩昇、刘建英编译：《隋唐帝国与东亚》，云南人民出版社2002年版。

［日］平冈武夫编：《唐代的长安与洛阳》，上海古籍出版社1991年版。

［美］包弼德著，刘宁译：《斯文：唐宋思想的转型》，江苏人民出版社2001年版。

［日］砺波护著，韩昇、刘建英编译：《隋唐佛教文化》，上海古籍出版社2004年版。

［法］谢和耐著，耿昇译：《中国5-10世纪的寺院经济》，上海古籍出版社2004年版。

［法］谢和耐著，黄建华、黄迅余译：《中国社会史》，江苏人民出版社2014年版。

［美］斯坦利·沃尔波特著，李建欣、张锦冬译：《印度史》，东方出版中心2013年版。

［日］冈崎敬著，张桐生译：《丝路与佛教文化》，贵州大学出版社 2013 年版。

［日］松本肇著，孙险峰译：《韩柳文学论》，中华书局 2014 年版。

［日］市川桃子著，蒋寅、刘宁、邢艳艳、李寅生、张延瑞译：《莲与荷的文化史》，中华书局 2014 年版。

［日］气贺泽保规著，石晓军译：《绚烂的世界帝国：隋唐时代》，广西师范大学出版社 2014 年版。

［美］柯嘉豪（John Kieschnick）著，赵悠等译：《佛教对中国物质文化的影响》，中西书局 2015 年版。

［美］芮沃寿著，常蕾译：《中国历史中的佛教》，北京大学出版社 2009 年版。

［荷兰］许理和著，李四龙、裴勇等译：《佛教征服中国：佛教在中国中古早期的传播与适应》，江苏人民出版社 2017 年版。

［法］让－皮埃尔·戴仁著，吴岳添译：《丝绸之路：东方和西方的交流传奇》，吉林出版集团有限责任公 2018 年版。

［英］麦大维著，张达志、蔡明琼译：《唐代中国的国家与学者》，中国社会科学出版社 2019 年版。

［加］王贞平著，贾永会译：《多极亚洲中的唐朝》，上海文化出版社 2020 年版。

［日］森安孝夫著，石晓军译：《丝绸之路与唐帝国》，北京日报出版社 2020 年版。

后　记

　　当开始写这部书稿后记时，我一时踌躇不已，不知从何开启。本书是国家社科基金重点项目"唐代长安佛教与丝绸之路研究"（15AZJ003）子项目"唐代长安大荐福寺研究"的部分成果，该项目负责人为北京大学外国语学院湛如教授。

　　在南开大学做博士论文期间，我重点关注佛教文学领域中的汉译佛典偈颂，后在北大哲学系做博士后时修改了博士论文并由商务印书馆出版。当参与了"唐代长安佛教与丝绸之路"项目后，我开始关注唐代寺院的一些文化情况，这本小书也是以大荐福寺为范例，试图勾勒和探究唐代长安寺院在佛教文化、教育、艺术、书籍文献等方面的一些历史影像，对于这段历史的阐释始终不脱文化、文学这一脉络。在隋唐佛教史、佛教哲学、寺学、史地研究方面，有诸多前辈取得了令人仰慕的学术成绩，作为非历史专业出身的我在撰写过程中诚惶诚恐，不妥之处，还请方家批评指正。

　　回顾多年来自己在学术上的些许进步，用佛教的术语来说即是因缘和合。读书于我而言，就是建立了独属于自己的那个清凉世界。下面将是大家常见的一连串感谢之语，但我觉得却是此刻内心最想对那些爱护我的人所表达的。感谢业师湛如教授的谆谆教诲和不吝指正，湛如师除了在学术上对学生们提出高标准要求外，还希望我们在学术之外心存敬畏、踏实笃行、内省谦逊。南开大学的陈洪教授、孙昌武教授也在我学习成长道路上给予了诸多关心。在南开读博期间，陈先生的课是我们最喜欢的，一切的不快烦恼似乎都可以被先生愉快爽朗的笑声和智慧温和的话语化解。孙昌武先生是佛教文学研究领域的大家，我经常通过邮件请教先生各种问题，先生每每及时回复，并给予耐心细致的解答。2018 年 9 月伊始，我在剑桥大学东亚系做访问学者期间得到 Imre Galambos 教授的很多支持，聆听他的课程并在"敦煌与丝绸之路"（"The Dunhuang and Silk Road Seminars"）系列讲座中，做了一场关于唐代长安寺院藏书情况的学术报告。此外，北京大学哲学系李四龙教授、王颂教授在我的求学路上也给予了很多帮助支持，感怀不尽。

杭州灵隐寺和永福禅寺是在历史和当代均声誉隆盛的寺院。我在博士、博士后期间曾几次获得两所寺院在南开大学、北京大学设立的云林奖学金、云林奖教金，他们的资助惠及国内多所高校从事佛学哲学、语言、文献、文学等领域的硕博士研究生、青年教师，给予了他们学术研究上极大的鼓励和支持。灵隐寺和永福禅寺关注公益、支持教育的慈心善行让很多人受益，也扎扎实实地推动了国内近年来的佛学研究。此外，本书的出版经费部分来自于香港旭日集团于北京大学佛教典籍与艺术研究中心设立的学术公益基金"佛教典籍与艺术研究项目"，对于旭日集团嘉惠学子的行为深表感谢。

我在国家图书馆工作多年，入馆后我陆续在南开大学、北京大学聆听多门课程，有机会接受系统的学术训练，并陆续奔赴美国、英国、日本、印度等地海外游学，这些我人生中宝贵的经历和美好的回忆主要得益于国家图书馆多元、开放、包容、尊重的人才培养政策。我所在的参考咨询部领导和同事对我的个人成长给予了鼎力支持，在我求学期间分担了我的工作任务，对我的任何进步都给予随喜赞叹。在此感谢方自金主任、王磊主任、曹宁主任、张李江副主任、唐晶老师、赵红老师，以及和我朝夕相处、共享日常工作中快乐与幸福的胡月平、吴春丽、王萌萌、蔡成普、温晶、苏孟等科组同事。

最后，感谢我的父母和两位姐姐，你们是我人生最坚实温柔的后盾，对你们的感恩我默默留存在心底。谢谢已是我家人的王红姐，谢谢女儿对我最无私的信赖和爱意，你们是我不断成长的动力。感谢虽未书于文字，但内心饱含感激之情的所有人。

此书在编撰过程中葛艳聪社长、廖生训老师给予了积极支持，潘肖蔷编辑极为认真负责，以不厌其烦、精益求精的匠人精神提出了诸多修订意见，感谢她的辛苦付出。如果本书中的观点和文献出现谬误，将由我本人承担。

每每我站在国家图书馆南区中庭四层，望着窗外那几棵挺拔秀美的银杏树，都会被它们绰约的风姿深深吸引。它们或随风起舞，或默默优雅矗立，不曾抱怨，永远向阳。也许我们都在过去的时光中经历或正在体验着人生的种种不确定，但不管怎样，砥砺前行中的我们终会走出自己的一条路。

王丽娜书于国家图书馆南区四楼办公室

2021 年 1 月 7 日